Cahier du jour
Cahier du soir

CYCLE 3
CM1
9-10 ans

Français

Auteur : **Pierre Granier**, *Professeur des écoles*
Directeur de collection : **Bernard Séménadisse**, *Maître formateur*

Ce cahier appartient à :

MAGNARD

Avant-propos

- Ce cahier est conforme aux nouveaux programmes.

- Le cycle 3 (cycle de consolidation) relie désormais les deux dernières années de l'école primaire et la première année du collège, dans un souci renforcé de continuité pédagogique et de cohérence des apprentissages.

Ce cycle a une double responsabilité : **consolider les apprentissages fondamentaux** qui ont été engagés au cycle 2 et **permettre une meilleure transition entre l'école primaire et le collège.**

NOUVEAUX PROGRAMMES 2016

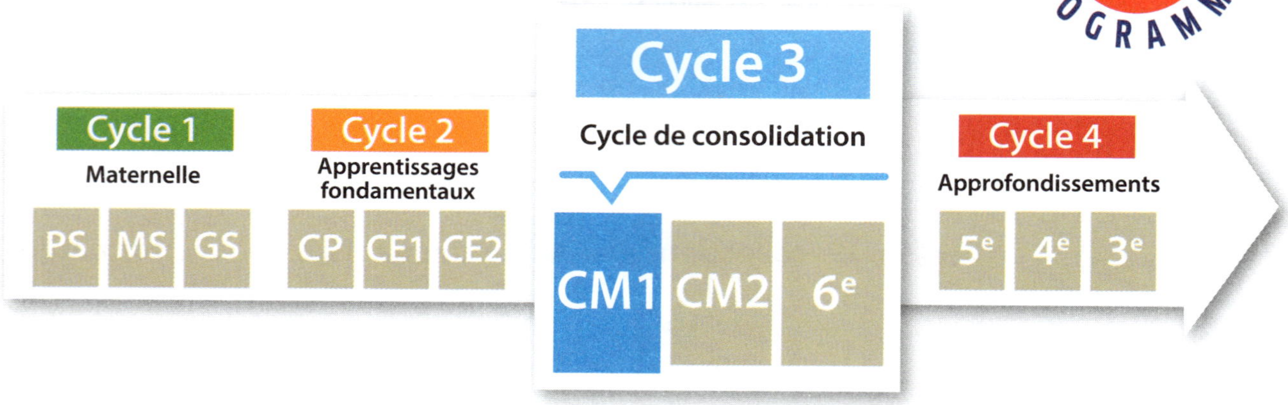

Plus d'informations sur les nouveaux programmes sur www.joursoir.fr

Ce cahier de Français destiné aux élèves du CM1 reprend toutes les notions du programme et couvre tous les domaines : grammaire, conjugaison, orthographe (grammaticale et d'usage) et vocabulaire.

- **La rubrique « Je découvre et je retiens » propose :**

– des phrases-exemples qui servent de matériau à la réflexion (« Je découvre ») ;

– une ou plusieurs règles qui permettent de mémoriser ce qu'il faut savoir (« Je retiens »).

- **La rubrique « Je m'entraîne » permet de réinvestir les acquisitions.**

À chacune des notions développées dans la leçon correspond un exercice d'application : à la notion 1 correspond l'exercice 1, à la notion 2 l'exercice 2. Si un exercice porte le numéro 3, cela signifie qu'il porte sur toutes les notions (exercice de synthèse).

- **À la fin de chaque page, l'enfant est invité à s'auto-évaluer.**

- **Les corrigés détachables sont situés au centre du cahier.**

Sommaire

GRAMMAIRE

ORTHOGRAPHE

Corrigés détachables au centre du cahier

CONJUGAISON

VOCABULAIRE

1 Identifier le sujet (1)

Je découvre et je retiens

❶ Le pêcheur attrape un poisson.
***C'est** le pêcheur **qui** attrape un poisson. **Qui est-ce qui** attrape un poisson ? Le pêcheur.*
Les pêcheurs attrapent un poisson.
***Ce sont** les pêcheurs **qui** attrapent un poisson. **Qui est-ce qui** attrapent un poisson ? Les pêcheurs.*

► Dans une phrase, le groupe qui peut être encadré par ***c'est**… **qui*** ou ***ce sont**… **qui*** est le **sujet** du verbe.
On peut aussi trouver le sujet en posant la question : ***qui est-ce qui ?*** ou ***qu'est-ce qui ?*** avant le verbe.

❷ <u>Un beau voilier</u> navigue près de la côte. **Maxime** est à bord. **Il** passe une bonne journée.
- Un beau voilier ↓ groupe nominal
- Maxime ↓ nom propre
- Il ↓ pronom personnel

► Le sujet peut être un **groupe nominal**, un **nom propre** ou un **pronom personnel**.

Je m'entraîne

1a Récris les phrases en commençant par *c'est… qui* ou *ce sont… qui*, puis souligne les sujets.

1. Le goal détourne le ballon en corner. → ……………
2. Ses équipiers l'applaudissent. → ……………
3. Les supporteurs poussent des cris de joie. → ……………

1b Pose oralement la question *qui est-ce qui ?* ou *qu'est-ce qui ?* avant le verbe puis écris les sujets.

1. Le retour des hirondelles annonce le printemps. → ……………
2. Les jonquilles embellissent les rives du canal. → ……………
3. Le merle et la merlette construisent un nid. → ……………

2a Souligne les sujets dans le texte.

1. Hier, notre maître nous a demandé de raconter nos vacances. **2.** Léa a parlé d'une croisière sur la Méditerranée. **3.** Avec ses parents, elle a embarqué à Marseille. **4.** Le *Corail* est un navire de plus de sept-cents places. **5.** De nombreux employés s'occupent des touristes. **6.** Heureusement, la mer Méditerranée était très calme. **7.** Malgré ça, sa sœur a été malade. **8.** Lucie et son frère Mathis ont montré les photos de la ferme de leurs grands-parents. **9.** Sur l'une d'elle, Mathis conduit un gros tracteur. **10.** Les poules et les canards vivent en liberté.

2b Relève les sujets de l'exercice précédent et classe-les ci-dessous.

Noms propres : ……………
Groupes nominaux : ……………
Pronoms personnels : ……………

Très bien ☐ Assez bien ☐ Pas assez bien ☐

2 Identifier le sujet (2)

Je découvre et je retiens

1 Au loin, apparaît **un bateau**. De sa cheminée, se dégage **une épaisse fumée**.
*C'est un bateau **qui** apparaît au loin. **C'est** une épaisse fumée **qui** se dégage de sa cheminée.*

▶ Quand le sujet est placé après le verbe, on dit qu'il est **inversé**.

2 **Des marins**, toute la journée, s'occupent de l'entretien du navire.
*Ce sont des marins **qui** s'occupent toute la journée de l'entretien du navire.*

▶ Dans une phrase, le sujet est parfois **éloigné** du verbe.

Je m'entraîne

1a Récris les phrases en commençant par *c'est… qui* ou *ce sont… qui*, puis souligne les sujets.

1. Au-dessus de nous, passe un avion. → ____________________

2. Dans le pré, atterrissent des parachutistes. → ____________________

1b Pose oralement la question *qui est-ce qui ?*, puis écris les sujets.

1. Devant l'école passe monsieur le maire. → ____________________

2. « Bonjour », disent en chœur les enfants. → ____________________

1c Souligne les sujets dans les phrases.

1. « Au feu, au feu ! » crient les passants affolés.

2. De toutes parts, surgissent des badauds.

2a Pose oralement la question *qui est-ce qui ?*, puis souligne les sujets.

1. Le bateau à voile, à cause d'un fort vent du sud, menace de démâter.

2. Les matelots, même pendant la tempête, s'activent sans relâche sur le pont.

2b Dans ce texte, repère les verbes puis souligne les sujets.

1. De nombreux satellites, de nos jours, tournent autour de la Terre.

2. Certains nous donnent des renseignements sur le temps.

3. Les ingénieurs de Météo France les utilisent pour réaliser les prévisions météorologiques.

4. En Guyane française, a été construite la base de la fusée européenne.

5. De cette base, sont effectués tous les lancements de la fusée Ariane.

6. Les techniciens, le jour J, attendent avec impatience le compte à rebours.

Très bien ☐ Assez bien ☐ Pas assez bien ☐

3 Identifier le verbe

Je découvre et je retiens

1 Aujourd'hui, le clown **enchaîne** les acrobaties. – Demain, le clown **enchaînera** les acrobaties. – Hier, le clown **enchaînait** les acrobaties.

► Dans la phrase, le **verbe varie** si l'on change le moment où se déroule l'action.

2 Les clowns **enchaînent** les acrobaties.

► Il varie aussi si l'on modifie son sujet.

3 Les enfants **rient** de bon cœur. (verbe *rire*)

► Le verbe à l'**infinitif** est le **nom du verbe**.

Je m'entraîne

1 Récris les phrases en changeant le moment où se déroule l'action. Souligne les verbes.

1. Un cirque s'installe sur la place du village.

Hier, un ____________________

Dans les prochains jours, ____________________

2. En ce moment, les trapézistes volent dans le ciel et accomplissent des prouesses.

Au cours de leur prochain spectacle, ____________________

Le mois dernier, ____________________

2 Récris les phrases en mettant les sujets au pluriel.

1. Pendant que le musicien joue de la trompette, le dompteur fait sauter le tigre.

→ ____________________

2. L'acrobate s'arrête, salue le public puis effectue un dernier saut périlleux.

→ ____________________

3 Souligne les verbes conjugués et indique leur infinitif.

1. Le grand jour arrive (__________).
2. Manon va au cirque avec ses grands-parents (__________).
3. Depuis ce matin, elle ne tient plus en place, ses yeux brillent de bonheur (__________ ; __________).
4. Elle rêve de voir les fauves rentrer dans la cage (__________).
5. Elle adore les jongleurs (__________).
6. Elle espère que les trapézistes seront impressionnants (__________ ; __________).

Très bien ☐ Assez bien ☐ Pas assez bien ☐

4 Le prédicat

▸ *Ancienne terminologie : verbe + compléments essentiels (COD ou COI)*

Je découvre et je retiens

1 Le soleil réchauffe la terre.

▸ *La terre* est un complément du verbe ***réchauffer***. Il ne peut pas être supprimé, il est essentiel au sens de la phrase. C'est un **complément du verbe**.

2 La terre le soleil réchauffe.

▸ Cette phrase est incorrecte. Le complément du verbe **ne peut pas être déplacé**.

▸ On appelle **prédicat** un ensemble de mots formé du **verbe** et d'un **complément du verbe**.

Je m'entraîne

1 Souligne dans chaque phrase le complément du verbe.

1. Tous les mercredis, Mehdi attend son copain Louis. 2. Les joueurs prennent le bus pour aller au stade. 3. Dès leur arrivée, ils mettent leur tenue de sport. 4. L'entraîneuse commence la séance par un échauffement. 5. Nous recevons nos correspondants la semaine prochaine. 6. Pour leur venue, nous avons prévu de nombreuses activités. 7. Samedi après-midi, nous visiterons le musée du Louvre. 8. Ensuite, nous remonterons en voiture les Champs-Élysées.

2a Dans chaque phrase, barre le complément supprimable et déplaçable puis souligne le prédicat.

1. Tous les matins, le directeur ouvre le portail de l'école.
2. La maîtresse reçoit les élèves à la porte de la classe.
3. Certains élèves lisent avec intérêt une bande dessinée.
4. D'autres commencent un dessin dès leur arrivée.
5. À 9 heures précises, chacun regagne sa place.
6. Dans le silence, Anna distribue les cahiers.

2b Complète chaque phrase avec un prédicat de ton choix.

1. Malgré la pluie, le public ______________________. 2. Le commentateur ______________________. 3. L'avant-centre ______________________ dans les arrêts de jeu. 4. Les arbitres ______________________ sous les applaudissements du public. 5. Les joueurs ______________________ à la fin du match. 6. Les spectateurs ______________________.

Très bien ☐ Assez bien ☐ Pas assez bien ☐

5 Le complément de phrase

▸ *Ancienne terminologie : complément circonstanciel*

Je découvre et je retiens

1 Manon a un ordinateur dans sa chambre.
Dans sa chambre, Manon a un ordinateur. Manon a un ordinateur.

► Ces trois phrases sont correctes. Le **complément « dans sa chambre »** peut être **déplacé et supprimé.** C'est un **complément de phrase.**

2 Tous les mercredis, elle suit, assidûment, des cours d'informatique **à la maison des savoirs,** avec un animateur.

► Les compléments de phrase répondent aux questions *quand ?* ***où ?*** *comment ? avec qui ?*

Je m'entraîne

1a Récris chaque phrase en déplaçant le groupe souligné.

1. Pendant ses loisirs, Karim construit des avions miniatures. → ____________________
2. Pour ma fête, il m'a offert sa plus belle maquette. → ____________________

1b Dans le texte ci-dessous, souligne les compléments de phrase.

1. Mélanie plante des fleurs dans le jardin. 2. Pendant ce temps, son frère joue au tennis. 3. En fin de matinée, avec leur papy, ils installeront le salon d'été sur la terrasse. 4. Avant l'arrivée de leurs parents, ils allumeront le barbecue. 5. Avec application, ils mettront les couverts sur la table.

2a Souligne les compléments de phrase et indique à quelle question ils répondent.

1. Le weekend prochain, Rémi fêtera son anniversaire. → ____________________
2. Sa maman l'embrassera avec beaucoup d'affection. → ____________________
3. Il partagera son gâteau avec son grand-père. → ____________________
4. Les invités distribueront les cadeaux à la fin du repas. → ____________________

2b Complète chaque phrase avec le complément demandé.

1. (Quand ?) ____________ les hirondelles sont nombreuses (où ?) ____________.
2. Les chiens aboient (comment ?) ____________ (quand ?) ____________.
3. (Quand ?) ____________ Chloé soigne son chat (comment ?) ____________.
4. (Avec qui ?) ____________ il fait des recherches (où ?) ____________.

Très bien ☐ Assez bien ☐ Pas assez bien ☐

6 Les déterminants

Je découvre et je retiens

1 Je pratique la danse moderne avec des amies.

► Certains déterminants (***le, la, les***) désignent le nom avec **précision**.
D'autres (***un, une, des***) désignent le nom de manière **imprécise**.

2 Ils habitent dans cette maison, dans ce parc très ombragé.

► Certains déterminants (***ce, cette, cet, ces***) s'utilisent avec un nom pour **montrer** quelqu'un ou quelque chose.

3 Chaque soir, mon grand-père maternel nous racontait l'histoire de notre famille.

► D'autres (***mon, ma, mes, notre, ton, ta,*** etc.) indiquent la **possession**, l'appartenance.

Je m'entraîne

1a Souligne les déterminants précis et entoure les déterminants imprécis.

1. Les voitures sont exposées dans le parc des expositions. **2.** Les visiteurs sont nombreux. **3.** Les stands sont difficilement accessibles. **4.** Dès l'arrivée, j'ai remarqué un beau cabriolet rouge. **5.** Un vendeur est venu me donner des renseignements. **6.** Il espère me vendre un véhicule.

1b Complète avec le déterminant qui convient. Utilise : *le – la – les – un – des.*

1. Mes parents, ______ dimanche, achètent ______ fruits et ______ légumes sur ______ marché du village. **2.** Cette année, ______ melons sont délicieux. **3.** ______ maraîchers sont tous ______ producteurs locaux **4.** Ils ont toutes ______ semaines ______ même clientèle. **5.** Maman prend ______ grand plaisir à choisir ______ produits parfaits.

2 Récris les phrases en remplaçant le nom souligné par le nom entre parenthèses.

1. À qui appartient ce <u>stylo</u> ? (règle) → ______________________

2. Il viendra cette <u>semaine</u>. (après-midi) → ______________________

3. Qui a acheté cet <u>ordinateur</u> ? (console) → ______________________

4. Où range-t-on ce <u>classeur</u> ? (fiches) → ______________________

5. Peux-tu terminer ce <u>travail</u> ? (exercices) → ______________________

3 Écris le déterminant qui convient pour marquer la possession.

1. ______ sœur et ______ mari ont une jolie maison. **2.** __________ maison est très belle et ______ forme originale attire les regards. **3.** ______ murs sont de couleur ocre. **4.** ______ jardin est la fierté de ______ parents. **5.** ______ oncle Jean les a aidés à la construire. **6.** ______ chambre se trouve à l'étage.

Très bien ☐ Assez bien ☐ Pas assez bien ☐

7 Identifier l'adjectif

Je découvre et je retiens

1 Dans cette bibliothèque, on peut consulter de **beaux livres anciens**.
(beaux ↓ adj. — livres ↓ nom — anciens ↓ adj.)

Beaux *et* **anciens** *donnent des renseignements sur le nom* **livres**. *Ce sont des adjectifs.*

► **L'adjectif** fait partie du groupe nominal. Il précise le nom qu'il accompagne. On peut le supprimer.

2 **Cette région** est **montagneuse**. **Ces sommets** sont **pointus**.
Montagneuse *et* **pointus** *sont des adjectifs. Ils donnent des renseignements sur le sujet.*

► **L'adjectif** peut être séparé du nom par un verbe (le plus souvent : *être*, *paraître*, *sembler*, *devenir*, *avoir l'air*, etc.).

Je m'entraîne

1a Dans chaque groupe nominal, souligne le nom et entoure l'adjectif s'il existe.

1. Des planètes lointaines – 2. Une étoile filante – 3. Le coucher de Soleil – 4. Une nuit étoilée – 5. Une éclipse de Lune – 6. Un temps hivernal.

1b Remplace le groupe nominal par un adjectif de même sens.

1. Un temps d'été → ____________ 2. La vie sur terre → ____________
3. Un phénomène de la nature → ____________ 4. Une éclipse de soleil → ____________

1c Barre les adjectifs dans le texte.

1. Mon petit frère et moi, nous étions partis faire une longue course en haute montagne. 2. Au détour d'un chemin caillouteux, nous débouchâmes devant un paysage merveilleux et unique. 3. Au premier plan, d'énormes tas de neige blanche recouvraient çà et là une pelouse jaunie par l'hiver. 4. Par endroits, adossé à de gros rochers, un tapis de crocus multicolores annonçait le début du printemps.

2a Dans chaque phrase, souligne l'adjectif et relie-le au nom qu'il accompagne.

1. Ce boa est impressionnant. 2. Son propriétaire est téméraire. 3. Ce reptile reste immobile pendant des jours. 4. Il semble endormi. 5. Mais il reste vigilant au moindre bruit. 6. Parfois, il devient agressif.

2b Complète chaque sujet en gras par un adjectif.

1. Toute la journée, **le lion** reste ____________. 2. Dans ce cirque, **le dompteur** est ____________. 3. Avant d'entrer en scène, **le trapéziste** paraît ____________. 4. Tout au long du spectacle, **le public** a l'air ____________.

Très bien ☐ Assez bien ☐ Pas assez bien ☐

8 Le complément du nom

Je découvre et je retiens

1 À Noël, Younès envoie habituellement des cartes **de vœux**.
↓
groupe nominal

Le groupe nominal **de vœux** *donne un renseignement sur le groupe nominal* **des cartes**.

► Un nom ou un groupe nominal peut être complété par un **complément du nom**. Il peut être supprimé (il n'est pas essentiel au sens de la phrase). Il est introduit par une **préposition** : *à*, *de*, *au*, *en*, *avec*...

2 Si je n'ai pas le temps **d'écrire**, je passerai un coup **de téléphone**.
↓ verbe — ↓ groupe nominal

► Le complément du nom peut être un **nom**, un **groupe nominal** ou un **verbe à l'infinitif**.

Je m'entraîne

1a Souligne, quand il existe, le complément du nom et relie-le au groupe nominal qu'il complète.

1. Un satellite de la Terre
2. L'étoile du Berger
3. Une étoile filante
4. La planète des singes
5. La planète Mars
6. Une éclipse de Soleil

1b Précise chaque groupe nominal par un complément du nom.

1. Un groupe ______________
2. Une compagnie ______________
3. Une horde ______________
4. Une nichée ______________

1c Souligne les groupes nominaux complets, puis encadre le complément du nom.

1. Dépêche-toi, il est l'heure de partir. 2. N'oublie pas tes affaires de piscine ; elles sont dans la salle de bains. 3. Mets ton sac de sport dans le coffre de la voiture. 4. Je n'ai pas le temps d'attendre, je reviendrai après le cours de natation. 5. À mon retour, nous irons manger au restaurant de la gare. 6. L'après-midi, je t'amènerai au cinéma du centre-ville voir un film de science-fiction.

2 Souligne les compléments du nom et indique leur nature dans les parenthèses.

1. Lentement, il marcha jusqu'à la tombée de la nuit (__________) et arriva au pied d'une colline (__________). 2. Là, au milieu d'une forêt de conifères (__________), il découvrit une cabane en bois (__________). 3. Nathan laissa échapper un cri de triomphe (__________) : il avait enfin retrouvé la cabane de son enfance (__________). 4. Des larmes de joie (__________) emplirent ses yeux. 5. Des images de ses vacances à la campagne (__________) défilèrent dans sa tête. 6. Il s'assit et prit le temps de rêver (__________).

Très bien ☐ Assez bien ☐ Pas assez bien ☐

9 Le groupe nominal

Je découvre et je retiens

1 Après quelques heures ~~d'efforts~~, les randonneurs ~~enthousiastes~~ arrivent au sommet ~~de la montagne~~.

Après quelques heures, les randonneurs arrivent au sommet.

► Le **nom** est le mot essentiel du **groupe nominal**. Il est accompagné d'un **déterminant**.

► Dans un groupe nominal, on peut supprimer les mots ou groupes de mots facultatifs. On met ainsi en évidence le nom essentiel du groupe nominal.

2 Je vois, dans la profonde (↓ adjectif) **vallée**, des **troupeaux** de moutons (↓ groupe nominal) et des **bergers** attentifs (↓ adjectif) et paisibles (↓ adjectif).

► Le nom peut être précisé par un **adjectif** ou un **groupe nominal**.

Je m'entraîne

1a Réduis le groupe nominal pour mettre en évidence le nom essentiel et le déterminant.

1. Un train électrique
2. La voiture ancienne
3. Le code de la route
4. Le camion des pompiers
5. Une collection de voitures
6. Des véhicules tout terrain

1b Dans les groupes nominaux suivants, souligne le nom essentiel.

1. Une forêt de pins sylvestres
2. De nombreux pêcheurs de truites
3. Les eaux boueuses du torrent
4. Un vol d'oiseaux migrateurs
5. Le plus haut sommet des Alpes
6. Des routes de montagne sinueuses

1c Souligne les groupes nominaux et entoure le mot essentiel.

1. Le canot de sauvetage affronte une mer déchaînée. 2. Le pilote du navire a lancé un appel de détresse. 3. Un vent violent secoue l'embarcation aux voiles multicolores. 4. Les gros voiliers de croisière secourent les petits bateaux. 5. La vigilance de tous évite de nombreux naufrages.

2 Complète chaque groupe nominal selon le modèle.

GN complété par…	Un adjectif	Un groupe nominal
Un ami	*Un grand ami*	*Un ami d'enfance*
Un dessin		
Un jeu		

Très bien ☐ Assez bien ☐ Pas assez bien ☐

10 Les pronoms personnels

Je découvre et je retiens

1 **Le clown** fait rire les enfants. **Il** joue de plusieurs instruments de musique.

► Les **pronoms personnels sujets** (*je, tu, il, elle, nous, vous, ils, elles*) permettent d'**éviter** des répétitions.

2 **Maël, lui,** n'a jamais autant ri de sa vie.

► Le **sujet** peut être **renforcé** par l'emploi d'un **pronom personnel**.

3 **Lisa et moi, nous** n'avons pas pu assister à ce spectacle.

► Un **pronom personnel** peut remplacer **plusieurs personnes**.

Je m'entraîne

1 Complète ce texte avec les pronoms personnels qui conviennent.

1. Avec maman, ______ sommes allés au cirque. 2. ______ était installé dans le village voisin. 3. ______ avons assisté à plusieurs numéros. 4. ______ étaient tous très beaux. Les lions et les tigres paraissaient méchants. 5. Pourtant, ______ obéissaient à leur dresseur. 6. Une dame jonglait avec des assiettes. ______ n'en a pas cassé. 7. Mon voisin a adoré les clowns. ______ riait aux éclats. 8. Maman a été impressionnée par les trapézistes. ______ avait le cœur qui battait très fort. 9. ______ ai aimé les magiciens. 10. Les spectateurs étaient heureux. ______ applaudissaient bruyamment.

2 Renforce chaque sujet avec le pronom personnel qui convient.

Exemple : Je sors. → Moi, je sors.

1. Tu restes là. → ______, tu restes là ! 2. Il joue dans sa chambre. → ______, il joue dans sa chambre. 3. Nous apprenons nos leçons. → ______, nous apprenons nos leçons. 4. Ils écoutent de la musique. → ______, ils écoutent de la musique. 5. Vous ne faites rien. → ______, vous ne faites rien.

3 Récris les phrases en remplaçant les groupes nominaux soulignés par les pronoms personnels qui conviennent et en mettant le verbe au présent.

1. Louis, Lucas et Yasmina (regagner) leur place. → ______
2. Raphaël et toi (avoir) de bonnes notes. → ______
3. Mes cousins, toi et moi (sortir) ce soir. → ______
4. Tes amis et toi (venir) me voir. → ______
5. Elle et lui ne se (parler) plus. → ______

Très bien ☐ Assez bien ☐ Pas assez bien ☐

11 Les pronoms de reprise

Je découvre et je retiens

1 Mon ami collectionne les cartes Pokémon, **il les** range dans un album.
Le pronom personnel **il** *remplace* **mon ami**, *le pronom personnel* **les** *remplace* **les cartes Pokémon**.
► Les pronoms personnels de la 3e personne sont des **pronoms de reprise**.

2 J'ai voulu échanger une image ; **celle-là** m'intéresse, **celle-ci** je l'ai déjà.
► Les pronoms *celle-là*, *celle-ci*, *celui*, *celui-là*, *ceux*, etc. reprennent un nom **en le désignant**.

3 Il m'a montré son album, je lui ai montré **le mien**.
► Les pronoms *le mien*, *le tien*, *le nôtre*, *les siennes*, etc. reprennent un nom en indiquant la **possession**.

Je m'entraîne

1 Remplace les groupes de mots soulignés par des pronoms personnels.

1. Le dompteur s'approche du lion. ______ donne un morceau de viande. 2. Mes parents ne connaissent pas mon ami. Je ______ présenterai. 3. Mon grand-père adore la nature. ______ adore depuis son plus jeune âge. 4. La maîtresse parle aux élèves. ______ demande du silence.

2 Complète les phrases avec un pronom tel que *celle-là*, *cela*, *celui-ci*, *ceux*…

1. J'hésite entre ces deux vestes. Je crois que je préfère ______ 2. Regarde ces deux chiots ! ______ me paraît plus docile. 3. Cet été, j'ai pris des vacances. ______ ne m'était pas arrivé depuis des années. 4. La coiffure de ma sœur me plaît, mais ______ d'Ella est plus moderne. 5. J'ai bien aimé vos gâteaux, mais ______ de papa sont bien meilleurs.

3 Complète les phrases avec un pronom tel que *le tien*, *le mien*, *les nôtres*, *la sienne*…

1. As-tu rangé tes affaires ? Moi j'ai rangé ______ 2. Avez-vous envoyé vos vœux ? Oui, nous avons envoyé ______ 3. Paul s'est trompé de veste. Il a laissé ______ dans les vestiaires. 4. Peux-tu me prêter ton compas ? J'ai oublié ______ à la maison.

4 Indique la personne ou l'objet que remplacent les différents pronoms de reprise.

Solennellement, le maître s'adresse à ses élèves. Il (______) leur (______) dit : « Vous (______) ne m' (______) avez pas rendu votre fiche de lecture. Je (______) devrais avertir vos parents. Mais, j' (______) espère que vous (______) l' (______) aurez terminée avant la fin de la semaine. »

Très bien ☐ Assez bien ☐ Pas assez bien ☐

12 La réduction de la phrase

Je découvre et je retiens

1 ~~L'automne~~, les gens ramassent des champignons ~~dans la forêt~~.
Les gens ramassent des champignons.

► Pour réduire une phrase, on peut supprimer les groupes de mots facultatifs : les **compléments de phrase**.

2 Cette ~~magnifique~~ hêtraie attire les randonneurs ~~du dimanche~~.
↓ adjectif ↓ complément du nom

Cette hêtraie attire les randonneurs.

► Pour réduire une phrase, on peut aussi supprimer les **adjectifs** et les **compléments du nom**.

Je m'entraîne

1 Récris les phrases après avoir supprimé les compléments de phrase.

1. Régulièrement, les étudiants font leurs recherches en naviguant sur le Net.
→ ______________________________

2. Pendant les grandes marées, les vacanciers ramassent des coquillages au bord de l'océan.
→ ______________________________

3. Tes devoirs terminés, tu dresseras la table sur la terrasse avant l'arrivée des invités.
→ ______________________________

2 Récris les phrases après avoir supprimé les adjectifs et les compléments du nom.

1. Ce fantastique livre d'aventures impressionne les jeunes enfants émotifs.
→ ______________________________

2. Une talentueuse chanteuse de blues donne un grand spectacle dans la salle des fêtes de ma ville.
→ ______________________________

3 Barre tous les mots ou groupes de mots facultatifs et récris le texte réduit.

Cette plage familiale attire surtout des vacanciers de la région. Chaque jour, de nombreux jeux de plage occupent les jeunes touristes. Exceptionnellement, la semaine dernière, nous avons assisté à une compétition de jet-ski. Le bruit assourdissant des moteurs tranchait avec le calme habituel. Un public de connaisseurs avait envahi la belle plage sablonneuse.

____

____

____

Très bien ☐ Assez bien ☐ Pas assez bien ☐

13 L'expansion de la phrase

Je découvre et je retiens

1 Enzo observait l'horizon. *Où ? Comment ?*

Au sommet d'une montagne, Enzo observait l'horizon avec ravissement.

► Pour enrichir une phrase, on peut ajouter des **compléments de phrase** en répondant aux questions *quand ? comment ? où ? avec qui ?* etc.

2 Un voilier voguait sur la mer.

Un voilier **aux voiles multicolores** voguait sur la mer **démontée**.
↓ complément du nom — ↓ adjectif

► Pour enrichir une phrase, on peut ajouter des **compléments du nom** et des **adjectifs** au groupe nominal.

Je m'entraîne

1a Enrichis les phrases en ajoutant les compléments de phrase donnés.

1. Mon frère a apprivoisé une pie. (patiemment – pendant son temps libre)

2. Nous avons construit un cabanon. (près de la rivière – avec mes cousins – avec enthousiasme)

1b Enrichis la phrase ci-dessous en ajoutant trois compléments de phrase répondant aux questions *où ? quand ? comment ?*

Le conteur captive son public.

2a Enrichis les groupes nominaux en gras en utilisant les mots ou groupes de mots donnés.

1. **Ce château** domine **la vallée**. (en ruine – médiéval – de l'Ardèche – profonde)

2. **Les touristes** visitent **les jardins**. (étrangers – nombreux – du château de Versailles – somptueux)

2b Enrichis chaque phrase en ajoutant un adjectif et un complément du nom.

1. Cette maison attire le regard. →

2. Ce jeu intéresse les enfants. →

Très bien ☐ Assez bien ☐ Pas assez bien ☐

14 La ponctuation

Je découvre et je retiens

1 Les enfants revenaient de classe de neige. Devant l'école, les parents impatients attendaient. Certains discutaient ; d'autres lisaient, assis dans leur voiture.

► Le **point** marque la **fin d'une phrase** et indique un arrêt de la voix. La **virgule** sert à **séparer des mots** ou des groupes de mots, elle indique un léger temps d'arrêt. Le **point-virgule** marque un arrêt plus long.

2 Le papa d'Enora arriva à son tour. Il s'approcha et nous demanda :
« Savez-vous si l'arrivée est toujours prévue à dix-huit heures ?
– Ce serait étonnant, lui répondit mon voisin ! Ils ont deux heures de retard. »

► Dans un dialogue, le **tiret** indique un changement d'interlocuteur. Le **deux-points** annonce que quelqu'un va parler. Les **guillemets** servent à encadrer des paroles.
► On utilise le **point d'interrogation** pour poser une question et le **point d'exclamation** pour marquer l'étonnement.

Je m'entraîne

1 Ajoute les virgules, les points-virgules et les points dans le texte suivant.

Comme tous les matins Léa met un quart d'heure avant de trouver son trousseau de clés au milieu du fouillis dans son cartable Pourtant elle préfère le ranger là elle le perdait trop souvent quand elle le mettait dans la poche de son manteau Chez elle il n'y a personne Sa mère est partie au travail son père est allé rendre visite à ses parents

2 Complète avec des points, des points d'interrogation et des points d'exclamation.

1. Que de monde ___ **2.** Les plages sont envahies de touristes ___ **3.** Veux-tu marcher jusqu'au port ___
4. C'est un trois-mâts ___ **5.** Quel beau bateau ___ **6.** Connais-tu les propriétaires ___

3 Ponctue le texte suivant.

___ Quel bel après-midi ___ ___ chantonne Laura en sortant de la maison ___ Un panier à la main ___ elle part ramasser des cerises ___ Elle veut faire un gâteau surprise à sa maman ___

___ Où vas-tu ___ lui crie son frère Charly ___

___ Viens ___ je t'expliquerai en chemin ___ ___

De retour à la maison ___ Laura rassemble les ingrédients ___ farine ___ sucre ___ beurre ___

___ C'est maintenant la partie la plus délicate ___ dit-elle ___ C'est mon premier gâteau ___ ___

La tarte sort juste du four lorsque maman pousse la porte ___

___ Quelle est cette délicieuse odeur ___ demande-t-elle ___

___ C'est une tarte aux cerises ___ nous l'avons faite avec Charly ___ ___ répond Laura ___

As-tu réussi tes exercices ?

Très bien ☐ Assez bien ☐ Pas assez bien ☐

15 L'enchaînement des phrases

Je découvre et je retiens

Marius Trouillé, notre sympathique maire, a eu un accident de voiture. Il est gravement blessé **mais** ses jours ne sont pas en danger. Il est actuellement à l'hôpital **afin d'**être opéré. On sait qu'il a perdu le contrôle de son véhicule **à cause d'**un malaise.

► Les expressions en bleu turquoise permettent d'établir des liens entre les idées. ***Mais*** permet de montrer une opposition entre les blessures et la future guérison ; ***afin de*** permet de savoir pourquoi il est à l'hôpital (dans quel but) ; ***à cause de*** renseigne sur la raison de l'accident (sa cause).

Je m'entraîne

1 Complète le texte à l'aide des mots suivants : *pourtant – pour – car – alors que – mais*.

1. Dans la nuit, ________ vous dormiez, il y a eu une forte explosion dans la rue. 2. ________, à cette heure avancée de la nuit, j'ai le sommeil lourd ________ cela m'a quand même réveillé. Les pompiers sont arrivés très vite. 3. Ils ont eu des difficultés à approcher ________ il y avait des gravats sur la route. 4. Ils ont dû évacuer des habitants ________ éviter tout accident.

2a Complète ces phrases avec les mots suivants : *malgré – même si – bien que*.

1. Nous sommes toujours amis ________ nous nous disputons très souvent.
2. Je pense souvent à vous ________ je ne vous téléphone pas.
3. Nous avons passé une très bonne journée ________ le mauvais temps.

2b Invente pour chaque phrase une fin qui exprime le but. Utilise les mots suivants : *de peur que – afin de – pour*.

1. Elle fait ses devoirs le vendredi. → ________
2. Il se précipite pour finir son gâteau. → ________
3. Ils économisent toute l'année. → ________

2c Complète ces phrases avec les mots suivants : *parce que – puisque – comme*.

1. Ce soir je n'arroserai pas le jardin ________ il doit pleuvoir demain.
2. ________ l'année dernière, nous n'avons pas pris de congés cette année.
3. Nous n'avons pas répondu au téléphone ________ nous étions absents depuis quelques jours.

3 Complète les phrases avec les mots qui conviennent.

1. Tous les matins, nous prenons le bus ________ nous rendre à l'école. 2. Mathis obtient de bons résultats ________ il est très attentif pendant les cours. 3. Louna pratique plusieurs sports ________ c'est le basket qu'elle préfère. 4. L'équipe a gagné le match ________ à de magnifiques arrêts du goal.

Très bien ☐ Assez bien ☐ Pas assez bien ☐

16 L'accord sujet/verbe (1)

Je découvre et je retiens

1 Les enfants **courent** après le ballon.
↓ sujet au pluriel ↓ verbe au pluriel

► Le verbe s'accorde en **nombre** (singulier ou pluriel) **avec le sujet**.

2 Un groupe d'enfants **court** après le ballon.
↓ mot essentiel du groupe sujet au singulier ↓ verbe au singulier

► Quand le sujet est un **groupe nominal**, le verbe **s'accorde avec** le **mot essentiel** du groupe sujet (le plus souvent, le mot essentiel est le premier des deux noms).

Je m'entraîne

1a Relie les sujets et les verbes.

1. Romane et Maël •
2. Aïcha •
3. Tous les enfants •
4. Un clown •
5. Tout le monde •
6. Mon frère et moi •

• joue.
• jouons.
• jouent.

1b Souligne le sujet et accorde le verbe au présent.

1. Les enfants regard_____ la télévision. Ils se passionn_____ pour les dessins animés.
2. Mon frère, le matin, déjeun_____ en écoutant les informations à la radio.
3. Quelques passantes se promèn_____ dans la rue.
4. Des oiseaux piaill_____ dans les arbres.

2 Souligne le groupe nominal sujet, entoure le mot essentiel, puis écris le verbe au présent.

1. Un équipage de six chevaux (tourner) __________ sur la piste.
2. Les numéros de dressage (attirer) __________ un public nombreux.
3. Les acrobaties du trapéziste (impressionner) __________ les spectateurs.
4. La dresseuse de tigres (entrer) __________ dans la cage.
5. Un trio de jongleurs (présenter) __________ son numéro.
6. Le plus jeune d'entre eux (sembler) __________ gêné par le va-et-vient des passants.

Très bien ☐ Assez bien ☐ Pas assez bien ☐

17 L'accord sujet/verbe (2)

Je découvre et je retiens

1 Tous les jours, à la maison, se joue (verbe) **un petit drame** (sujet). Quel est (verbe) **-il** (sujet) ?

► Le **sujet** peut être situé **après le verbe**.

2 **Mon frère** (sujet), tous les jours, cherche (verbe) ses clés. **Il** (sujet) les retrouve (verbe) dans la poche de son pantalon.

► Le **sujet** peut être **éloigné du verbe**. Dans tous les cas, le verbe s'accorde en nombre (singulier ou pluriel) avec le sujet, quelle que soit la place de ce dernier dans la phrase.

Je m'entraîne

1a Transforme les phrases en mettant le sujet avant le verbe.

1. Derrière les volets, se cache un chat. → ____________________
2. Au bord de l'étang, poussent des roseaux. → ____________________

1b Écris au présent les verbes entre parenthèses.

1. Dans cette rivière, (vivre) ____________________ de nombreuses variétés de poissons.
2. Au bord de ce plan d'eau, (s'installer) ____________________ des groupes de pêcheurs.
3. Sur le pont suspendu, (passer) ____________________ de nombreux touristes.

2a Souligne les sujets des verbes soulignés.

1. Les pêcheurs, quand le temps le permet, <u>placent</u> leurs filets le long de la côte.
2. Les arbres fruitiers, dès les grosses chaleurs, <u>produisent</u> d'énormes fruits sucrés.

2b Souligne les sujets et écris les verbes au présent.

1. Cette lettre, tu la (donner) ____________________ à tes parents ce soir.
2. Ce jouet, je te l'(offrir) ____________________ avec plaisir.
3. Ses photos, elle me les (envoyer) ____________________ dès son retour.

3 Relie chaque verbe souligné à son sujet.

1. Le chien, devant le portail, <u>attend</u> l'arrivée de son maître. 2. Que <u>fait</u>-il quand un passant, par imprudence, <u>s'approche</u> de la maison ? 3. <u>Aboie</u>-t-il ? Oui, certainement. <u>Mord</u>-il ? Sûrement pas. 4. Quand le maître <u>revient</u>, le chien, très content, <u>remue</u> la queue.

Très bien ☐ Assez bien ☐ Pas assez bien ☐

18 L’accord de l’adjectif et du participe passé

Je découvre et je retiens

1 Regarde ces **beaux** oiseaux. Ils nichent sur les **hautes** branches.
↓ masc. plur. ↓ masc. plur. ↓ fém. plur. ↓ fém. plur.

► L’**adjectif** s’accorde en **genre** et en **nombre** avec le nom qu’il accompagne.

2 Les feuilles **secouées** par le vent tombent sur la chaussée **mouillée**.
↓ fém. plur. ↓ fém. plur. ↓ fém. sing. ↓ fém. sing.

► Le **participe passé** employé seul s’accorde **comme un adjectif**.

Je m’entraîne

1a Accorde les adjectifs avec les noms soulignés.

1. Je n’aime pas les (long) ______________ soirées d’hiver. 2. Une foule (nombreux) ______________ attend l’arrivée des coureurs. 3. C’est une écolière (attentif) ______________ et (sérieux) ______________.

1b Souligne les noms et accorde les adjectifs.

1. Il a les cheveux raide____ et dru____ . 2. Il porte une joli____ petit____ moustache noir____. 3. Ses yeux noir____ brillent comme d’énorme____ diamants. 4. Ses mains sont grand____ et potelé____. 5. Ses traits sont fin____, mais très net____ .

1c Complète les phrases en utilisant les adjectifs suivants : *chaud – jauni – petit – luisant – strident – noir*.

1. Les ______________ nuits d’été, on peut apercevoir dans l’herbe ______________ de ______________ vers ______________. 2. Les cris ______________ des grillons ______________ attirent parfois notre attention.

2a Accorde les participes passés avec les mots soulignés.

1. Jette ce jouet (cassé) ______________ . 2. Les renards (affamé) ______________ parcourent la campagne. 3. (Fatigué) ______________ , elles s’endorment. 4. Les voiliers (poussé) ______________ par le vent avancent vite.

2b Accorde les participes passés.

1. Maëva a mis son écharpe bariolé____, ses chaussettes rayé____ et ses grosses chaussures fourré____ . 2. Elle a posé son bonnet sur sa tête bouclé____ . 3. Elle avance d’un pas prudent sur la piste gelé____, les mains crispé____ sur ses bâtons. 4. Son frère, enchanté____, commence à patiner. 5. Affolé____, elle lui demande de s’arrêter.

Très bien ☐ Assez bien ☐ Pas assez bien ☐

19 Les accords dans le groupe nominal

Je découvre et je retiens

1 **Une** journée **ensoleillée.** — fém. sing. / fém. sing.
Des journée**s** **ensoleillées.** — fém. plur. / fém. plur.

► Dans un groupe nominal, le **déterminant** et l'**adjectif** s'accordent en **genre** et en **nombre** avec le **nom** qu'ils accompagnent.

2 Cette semaine, la météo annonce **de** très **belles** journées **ensoleillées.** — fém. plur. / fém. plur. / fém. plur.

► Quand le nom est accompagné de **plusieurs adjectifs**, chacun d'entre eux s'accorde avec le nom.

Je m'entraîne

1 **Récris chaque groupe nominal en mettant le nom au pluriel.**

1. Une ville touristique : ______________________
2. Un paysage désertique : ______________________
3. La rue piétonne : ______________________

2 **Accorde les adjectifs entre parenthèses.**

Le long des (nombreux) ________ côtes (français) ________, on peut découvrir de (large et long) ________ plages de sable (fin) ________, de (haut) ________ falaises (escarpé) ________ où nichent de (multiple) ________ variétés d'oiseaux (marin) ________, d'(immense) ________ étendues de galets aux formes (divers) ________. L'été, des touristes (oisif) ________ se pressent sur ces plages (sablonneux) ________ ; de (grand) ________ embarcations aux voiles (multicolore) ________ mouillent au pied de ces falaises (abrupte) ________. De (nombreux) ________ vacanciers parcourent les plages à la recherche de (petit) ________ coquillages (original) ________.

3 **Récris les groupes nominaux en mettant les mots soulignés au pluriel.**

1. Une grande <u>cascade</u> scintillante alimente un petit <u>lac</u> limpide.
→ ______________________ alimentent ______________________.
2. Un étroit <u>chemin</u> escarpé descend vers la vaste <u>plage</u> ensoleillée.
→ ______________________ descendent ______________________.
3. Un jeune <u>animal</u> farouche bondit sur le haut <u>rocher</u> dentelé.
→ ______________________ bondissent ______________________.

Très bien ☐ Assez bien ☐ Pas assez bien ☐

20 Les accords dans la phrase

Je découvre et je retiens

1 Le petit **chien** marron de mes voisins s'approche de sa gamelle.

masc. sing. — verbe à la 3e pers. du sing.

► Le **verbe** s'accorde en **nombre** avec le **mot essentiel** du groupe **sujet**.

2 Mes chatons craintifs et apeurés se cachent derrière leur mère.

masc. plur. masc. plur. masc. plur. — verbe à la 3e pers. du plur.

► Les **déterminants** et les **adjectifs** s'accordent en **genre** et en **nombre** avec le nom.

Je m'entraîne

1 Souligne le mot essentiel du groupe sujet et accorde les verbes au présent.

1. Le beau bateau aux voiles multicolores quitt_____ le port et se dirig_____ vers le large.
2. Des marins agiles et décidés grimp_____ aux cordes et hiss_____ les voiles.

2 Observe les flèches et fais les accords nécessaires.

1. Les mouette_____ hardi_____ et criard_____ interpell_____ les courageu_____ marin_____.
2. Secoué_____ par les forte_____ rafale_____ d'une bise glacial_____, les voile_____ mal attaché_____ claqu_____.

3 Récris les phrases en mettant les mots soulignés au pluriel. Fais les accords nécessaires.

1. Irrité par le bruit, mon voisin se met en colère et réprimande le gêneur.

____

2. La dernière skieuse attentive et impatiente s'apprête à s'élancer.

____

4 Récris les phrases en mettant les mots soulignés au singulier. Fais les accords nécessaires.

1. Ces garçons se croient plus intelligents parce qu'ils sont plus grands.

____

2. Ces gros nuages noirs n'annoncent pas du beau temps.

____

Très bien ☐ Assez bien ☐ Pas assez bien ☐

21 L'accord du participe passé avec *être* et *avoir*

Je découvre et je retiens

1 **Mes voisins** sont partis en vacances ce matin. **Ils** sont allés dans le sud de la France.
↓ masculin pluriel — ↓ masculin pluriel

► Le **participe passé** d'un verbe employé avec l'auxiliaire *être* **s'accorde en genre et en nombre** avec le sujet du verbe.

2 **Les vacanciers** ont apprécié. Tous les jours, **ils** ont pu se baigner.
↓ masculin pluriel — ↓ masculin pluriel

► Le **participe passé** d'un verbe employé avec l'auxiliaire *avoir* **ne s'accorde pas** avec le sujet.

Je m'entraîne

1a Complète les pointillés avec les groupes sujet suivants : ***mon frère et ma sœur – mes deux sœurs – ma cousine – mon oncle.***

1. ______________ est revenu. 2. ______________ sont revenues. 3. ______________ sont revenus. 4. ______________ est revenue.

1b Récris les phrases.

1. Les garçons sont arrivés trop tôt. → Les filles ______________
2. Mes cousines sont parties en excursion. → Mes cousins ______________

2a Barre le participe passé qui n'est pas écrit correctement.

1. Les oiseaux ont piaillés/piaillé toute la nuit sous ma fenêtre.
2. Les comédiennes ont reçu/reçues leurs nouveaux costumes.
3. Les lions ont rugis/rugi pendant le spectacle.

2b Complète les phrases avec le participe passé des verbes donnés.

1. Ils ont (finir) ______________ par gagner le match. 2. Nous avons (apercevoir) ______________ un vol de cigognes. 3. Les filles ont (jouer) ______________ une pièce de théâtre.

3 Accorde les participes passés.

1. Une foule nombreuse est venu___ assister au spectacle. 2. Soudain, les lumières se sont éteint___ . 3. Les trois coups ont retenti___ . 4. Immédiatement, les spectateurs se sont tu___ . 5. Le rideau s'est levé___ . 6. Les projecteurs se sont braqué___ au centre de la scène. 7. Les acteurs sont entré___ . 8. Ils ont commencé___ à jouer.

Très bien ☐ Assez bien ☐ Pas assez bien ☐

22 L'infinitif en *-er* ou le participe passé en *-é*

Je découvre et je retiens

1 Ce sportif vient **de** **réaliser** (faire) un exploit. Il compte **recommencer** (le refaire).

de → préposition ; réaliser → verbe à l'infinitif ; recommencer → verbe à l'infinitif

► L'infinitif des verbes en ***-er*** (ou verbes du 1er groupe) peut être remplacé par l'infinitif d'un verbe en ***-ir/-issons*** (ou verbe du 2e groupe) ou autres (ou verbes du 3e groupe). Après une **préposition** (*à*, *de*, *en*, *par*…), le verbe s'écrit à l'**infinitif**.

2 Sa course **terminée** (finie), elle se déchausse.

terminée → participe passé employé seul

► Le participe passé en **-é** peut être **remplacé** par le **participe passé** d'un verbe en ***-ir/-issons*** ou autres.

Je m'entraîne

1 Remplace les verbes soulignés par un verbe en *-ir/-issons* ou autres à l'infinitif, puis écris la terminaison.

1. Mes parents pensent déménag_____ (__________) cette année. 2. On va sûrement habit_____ (__________) dans la région parisienne. 3. Ils viennent de me l'annonc_____ (__________) à l'instant.

2 Remplace les verbes soulignés par le participe passé d'un verbe en *-ir/-issons* ou autres, puis écris la terminaison.

1. Cet hôtel situ_____ (__________) au bord de la mer attire de nombreux touristes. 2. Allong_____ (__________) sur le sable chaud, un vacancier bronze. 3. Son jeune fils, agenouill_____ (__________) sur la plage, construit un château de sable. 4. Un bateau, amarr_____ (__________) près du rivage, tangue.

3 Relie comme il convient.

1. Mes voisins ont •
2. Ma sœur est en train de •
3. Nous avons •
4. Nous devons •
5. Papa est décidé à •

• changé de voiture.

• changer de voiture.

4 Complète avec *-é* ou *-er*.

1. Je m'appelle Maëlys. Très jeune, j'ai aim_____ l'école. 2. Tous les matins, je partais étudi_____ avec beaucoup de plaisir. 3. J'ai pass_____ de merveilleuses années dans les salles de classe. 4. Intéress_____, j'ai écout_____ mes professeurs avec beaucoup d'attention. 5. Je voulais assimil_____ le plus grand nombre de connaissances. 6. Souvent le soir, à la fin des cours, attir_____ par son savoir, j'aimais pass_____ quelques instants avec ma maîtresse.

Très bien ☐ Assez bien ☐ Pas assez bien ☐

23 Le féminin des noms

Je découvre et je retiens

1 Les **concurrents** sont prêts. → Les **concurrentes** sont prêtes.

► En règle générale, on forme le féminin des noms **en ajoutant un -e** au nom **masculin**.

2 Un **champion** est engagé dans cette épreuve. → Une **championne** est engagée dans cette épreuve.
Le **directeur** de course donne le départ. → La **directrice** de course donne le départ.

► Au féminin, certains noms **doublent la consonne finale** ou **changent leur terminaison** (*-teur* → *-trice* ; *-eur* → *-euse*).

3 Un **cheval** marron gagne l'épreuve. → Une **jument** marron gagne l'épreuve.

► Certains noms féminins sont **différents** du nom masculin.

1 **Complète les phrases en utilisant le féminin des noms suivants :** ***ami – inconnu – marié – gamin – président – employé*****.**

1. L'________ de ma sœur s'appelle Lucie. 2. Une ________ a frappé à ma porte. 3. La ________ dirige le cortège au bras de son père. 4. Cette ________ adore le théâtre. 5. La ________ prononce un discours. 6. C'est une ________ modèle.

2 **Écris le féminin des groupes nominaux soulignés. Si tu hésites, utilise un dictionnaire.**

1. L'aviateur (________) s'installe aux commandes.
2. Le lion (________) attrape sa proie.
3. Ce bon citoyen (________) vote à toutes les élections.
4. Les parieurs (________) viennent sur les champs de course.

3 **Donne le féminin des animaux suivants. Utilise un dictionnaire.**

1. Un coq → ________ 2. Un taureau → ________ 3. Un tigre → ________
4. Le canard → ________ 5. Le bouc → ________ 6. Le cerf → ________
7. Un mouton → ________ 8. Un singe → ________ 9. L'âne → ________

4 **Écris au féminin les groupes nominaux soulignés.**

1. Dimanche dernier mon oncle (________) m'a amené sur un hippodrome. 2. Mon voisin (________) portait un chapeau. 3. J'ai été étonné de voir autant de trotteurs (________) au départ des courses. 4. Les habitués (________) suivent les courses avec des jumelles. 5. Le champion (________) a dominé la course de bout en bout.

Très bien ☐ Assez bien ☐ Pas assez bien ☐

24 Le pluriel des noms

Je découvre et je retiens

1 Mes parents ont invité leurs amis à manger.

► En règle générale, on forme le **pluriel** des noms en ajoutant un ***-s*** au nom singulier.

2 Nous avons ramassé des noix pour le dessert.

► Les noms terminés par ***s, x, z*** au singulier **ne changent pas au pluriel**.

3 Pour les recevoir, maman a mis tous ses bijoux. Moi, j'ai caché des clous dans un coin.

► Les noms terminés par ***-ou*** prennent un ***-s*** au pluriel **sauf** : ***bijou – caillou – hibou – joujou – pou – chou – genou*** qui prennent un ***-x***.

Je m'entraîne

1a Écris les noms suivants au pluriel.

1. Une erreur → ______ 2. Un ami → ______ 3. Une poupée → ______
4. Un ballon → ______ 5. Une année → ______ 6. Un jouet → ______

1b Écris les noms soulignés au pluriel si c'est nécessaire.

1. Brusquement, toutes les tête______ se dressent et scrutent la pelouse______. 2. Les joueur______ rentrent sur le terrain______. 3. Les arbitre______ se mettent à l'écart. 4. Les spectateur______ applaudissent à tout rompre. 5. Soudain, c'est le silence______. 6. Les deux équipe______ sont présentées aux officiel______. 7. Les hymne______ nationaux sont joués par la fanfare______. 8. Les personnalité______ regagnent leur place______.

2 Écris les noms entre parenthèses au pluriel.

1. Maman a cuisiné des (perdrix) ______. 2. Les (souris) ______ ont mangé le fromage. 3. Les (repas) ______ sont servis par les élèves de l'école hôtelière. 4. Les (gaz) ______ d'échappement des voitures polluent la planète.

3 Complète les phrases avec les noms suivants au pluriel : *mère – caillou – trou – bisou – sou – bijou – hibou – verrou.*

1. Dimanche prochain, c'est la fête des ______. 2. J'ai fabriqué un collier avec de petits ______ auxquels papa a fait des ______. 3. Je l'offrirai à maman. Elle me fera de gros ______. 4. Si j'avais eu beaucoup de ______, je lui aurai offert des ______. 5. Mon frère lui a acheté une collection de ______. 6. Elle les rangera dans son placard qui est fermé par des ______.

As-tu réussi tes exercices ?

Très bien ☐ Assez bien ☐ Pas assez bien ☐

25 Le pluriel des noms en *-eu*, *-eau*, *-au* et *-ail*

Je découvre et je retiens

1 Les pneus et les boyaux de mon VTT sont usés. Mes neveux effectueront le remplacement.

► Les noms terminés par ***-eu***, ***-eau*** et ***-au*** prennent un ***-x*** au pluriel sauf ***landau***, ***pneu***, ***bleu*** et ***lieu*** (le poisson) qui prennent un ***-s***.

2 Quand ils auront terminé les travaux, nous inspecterons le vélo dans les moindres détails.

► Les noms terminés par ***-ail*** prennent un ***-s*** au pluriel sauf ***émail***, ***soupirail***, ***corail***, ***travail***, ***vitrail*** qui ont un pluriel en ***-aux***.

Je m'entraîne

1a Écris les noms au pluriel.

1. Un radeau → ______________________
2. Un feu → ______________________
3. Un tuyau → ______________________
4. Un agneau → ______________________
5. Un préau → ______________________
6. Une eau → ______________________

1b Écris les noms soulignés au pluriel.

1. Ce soir, nous sommes invités chez mes neveu______. 2. Leur maison située au bord de l'eau est entourée de canau______ et de bateau______. 3. Ces deux tourtereau______ ont agrandi leur famille de jumeau______. 4. Les nouveau-nés ont beaucoup de cheveu______. 5. Dans le jardin, deux landau______ attendent qu'on leur change les pneu______. 6. Les jumeau______ ont reçu beaucoup de cadeau______. 7. Nous terminons le repas avec de délicieux gâteau______. 8. Nous mettons les enfants au lit et jouons à des jeu______ de société.

2a Écris les noms au pluriel.

1. Un chandail → ______________________
2. Un travail → ______________________
3. Un rail → ______________________
4. Du corail → ______________________
5. Un détail → ______________________
6. Un éventail → ______________________

2b Écris les noms entre parenthèses au pluriel.

1. Comme cette grande bâtisse est belle ! Des (travail) ______________ de restauration sont en cours. 2. De grands (portail) ______________ en bois séparent la maison d'habitation de la grange. 3. On peut voir, à gauche, de larges (soupirail) ______________ et à droite, une petite chapelle avec de beaux (vitrail) ______________. 4. Sur les murs des (émail) ______________ décorent cet ensemble très austère. 5. Au loin, dans un champ, d'énormes (épouvantail) ______________ fabriqués avec de vieux (chandail) ______________ font fuir les oiseaux.

Très bien ☐ Assez bien ☐ Pas assez bien ☐

26 A/à – ou/où

Je découvre et je retiens

1 Manon **a (*avait*) appris** un beau poème.
Elle le récite **à (~~*avait*~~)** son frère.

► ***a*** : 3e personne du singulier du verbe ***avoir*** au **présent** ; on peut le remplacer par ***avait***.

► ***à*** : mot **invariable** ; on ne peut pas le remplacer par ***avait***.

2 Ce soir, **où (*à quel endroit ?*)** veux-tu aller, au cinéma **ou (*ou bien*)** au théâtre ?

► ***Où*** : avec accent, indique le **lieu**, l'endroit.

► ***Ou*** : sans accent, peut être remplacé par ***ou bien***.

Je m'entraîne

1a Complète par *a* ou *à*. Justifie ta réponse en écrivant *avait* ou ~~*avait*~~ entre parenthèses.

1. Papy ___ (________) acheté un fer ___ (________) repasser. 2. ___ (________) la campagne, le matin, je dors ; l'après-midi, je vais ___ (________) la pêche. 3. Mamie ___ (________) préparé des pâtes ___ (________) la carbonara. 4. Souvent, nous allons ___ (________) la piscine. Maman nous apprend ___ (________) nager. Elle ___ (________) beaucoup de patience.

1b Complète par *a* ou *à*.

1. Son parrain ___ offert des patins ___ roulettes ___ Camille pour son anniversaire. 2. Il ___ bien de la chance ! 3. Chaque fois qu'il le peut, Camille va ___ l'école avec. 4. Au début, il ___ tâtonné, il ___ même eu quelques accidents. 5. Maintenant, il ___ pris de l'assurance. 6. Descendre la rue devant notre maison ___ toute vitesse ne lui fait plus peur. 7. Son sourire ___ son retour nous dit qu'il est heureux.

2a Complète par *ou* ou par *où*. Justifie ta réponse en écrivant soit *ou bien* soit ~~*ou bien*~~.

1. Léa ____________ (____________) es-tu ? Rentre vite ! Il va pleuvoir ! 2. Prends ton parapluie ____________ (____________) mets ton anorak ! 3. D'____________ (____________) je suis, je ne distingue pas s'il pleut ____________ (____________) s'il neige.

2b Complète par *ou* par *où*.

1. ________ habites-tu ? À Paris ________ en banlieue ? 2. Partirez-vous en vacances en juillet ________ en août ? 3. ________ irez-vous ? 4. À la mer ________ à la montagne ? 5. Nous irons dans le village ________ mes parents sont nés. 6. Deux ________ trois jours après mon arrivée, je t'écrirai ________ je te téléphonerai. 7. De la maison ________ nous serons, nous partirons en randonnée pédestre ________ en VTT. 8. Le matin ________ le soir, mon père ira pêcher dans le torrent ________ il a déjà pris de belles truites.

Très bien ☐ Assez bien ☐ Pas assez bien ☐

27 Et/est – son/sont

Je découvre et je retiens

1 Elle **est** (***était***) parti à la montagne.
Elle adore faire du ski **et** (***et puis***) du snowboard.

► ***Est*** : 3e personne du singulier du verbe ***être*** au **présent** ; on peut le remplacer par ***était***.

► ***Et*** : mot **invariable** ; on peut le remplacer par ***et puis*** ou ***et aussi***.

2 Les photos de **son** (***mon***) anniversaire **sont** (***étaient***) réussies.

► ***Son*** : déterminant ; on peut le remplacer par ***mon***.

► ***Sont*** : 3e personne du pluriel du verbe ***être*** ; on peut le remplacer par ***étaient***.

Je m'entraîne

1a Complète par *est* ou *et*. Justifie ta réponse en écrivant *était* ou *et puis* entre parenthèses.

1. Nicolas __________ (__________) mon ami __________ (__________) il me défend toujours.
2. Il __________ (__________) trapu __________ (__________) très fort. 3. Avec lui, on __________ (__________) en sécurité. 4. Il __________ (__________) aimé __________ (__________) respecté par tous ses copains.

1b Écris *est* ou *et*.

1. Le cyclisme sur route _____ à la fois un loisir _____ un sport. 2. Il _____ pratiqué par des amateurs _____ par des professionnels. 3. C'_____ un sport individuel _____ un sport d'équipe. 4. L'épreuve reine _____ le Tour de France. 5. C'_____ un sport très exigeant. 6. Un bon coureur cycliste doit être véloce _____ endurant. 7. Ce champion _____ puissant _____ fin tacticien.

2a Complète par *son* ou *sont*. Justifie ta réponse en écrivant *mon* ou *étaient* entre parenthèses.

1. Ils __________ (__________) revenus plus tard que prévu. 2. Kevin range __________ (__________) vélo.
3. Julie et __________ (__________) frère se __________ (__________) perdus en forêt. 4. Ses amis __________ (__________) heureux de __________ (__________) succès.

2b Écris *son* ou *sont*.

1. Au début du printemps, papa entretient _____ jardin. 2. C'est _____ passe-temps favori. 3. Les mauvaises herbes _____ arrachées à la main. 4. Toutes les plantes _____ taillées avec minutie. 5. Autour de la maison, les rosiers _____ en fleur. 6. Leurs fleurs _____ très belles et _____ très parfumées. 7. _____ mimosa illumine tout le quartier. 8. _____ voisin lui dit toute _____ admiration. 9. Dans le jardin potager, les salades et les radis _____ bien avancés. 10. Les fraises _____ déjà toutes rouges.

Très bien ☐ Assez bien ☐ Pas assez bien ☐

28 On/on n'/ont

Je découvre et je retiens

1 Cette année, les enfants ont une maîtresse. Ils avaient un maître l'année dernière.

► ***Ont*** : forme conjuguée du verbe *avoir* ; on peut le remplacer par ***avaient***.

2 On a pris des photos, mais on n'a pas pu photographier l'intérieur de la grotte.

► ***On*** : pronom personnel sujet ; on peut le remplacer par ***il***.

► Quand il y a une négation après le verbe (*pas*, *jamais*, *plus*, *rien*, *personne*, etc.) on écrit ***on n'***.

Je m'entraîne

1 Mets les phrases au pluriel.

1. Ce singe a une grande agilité. → ____________________
2. Cette informaticienne a une grande expérience. → ____________________
3. Le funambule a séduit les spectateurs. → ____________________

2a Remplace *il* par *on*.

1. Il veut toujours bronzer. → ____________________
2. A-t-il des compétences en informatique ? → ____________________

2b Transforme les phrases en phrases négatives.

1. On a besoin de se reposer. → ____________________
2. On a envie de partir à la plage. → ____________________
3. On a beaucoup de choses à vous dire. → ____________________

2c Complète par *on* ou *on n'*.

1. Aujourd'hui, ________ a bien compris la consigne. 2. ________ sait tout, ________ a plus rien à apprendre. 3. ________ a jamais douté de notre réussite. 4. ________ a apprécié votre spectacle, néanmoins ________ a pas que des compliments à vous faire.

3 Complète par *on* ou *ont*. Justifie ta réponse en écrivant *il* ou *avaient* entre parenthèses.

1. ________ (________) a le droit de visiter le musée. 2. Les enfants ________ (________) fait de nombreux croquis. 3. Ils ________ (________) écouté attentivement les commentaires du guide. 4. ________ (________) leur a distribué des cartes postales.

Très bien ☐ Assez bien ☐ Pas assez bien ☐

29 Ce/se/s'

Je découvre et je retiens

1 Ce **singe** est gourmand. Il se **régale** avec des bananes.
↓ **Le** singe ↓ Je **me** régale

► ***Ce*** devant un nom est un **déterminant**. On peut le remplacer par *le, mon, ton*, etc.

► ***Se*** est un **pronom personnel** placé devant un verbe. On peut le remplacer par *me, te*, etc.

2 Il s'élance de branche en branche.

► Devant un verbe commençant par une voyelle, ***se* (pronom personnel)** s'écrit ***s'***.

Je m'entraîne

1a Indique si le mot souligné est un nom ou un verbe, puis écris *ce* ou *se*.

1. L'avion ______ pose (__________) sur la piste. 2. ______ travail (__________) est très fatigant. 3. Attrape ______ jouet (__________) et donne-le-moi. 4. Il ______ promène (__________) dans la forêt. 5. La jument ______ repose (__________) dans la prairie. 6. ______ camion (__________) fait beaucoup de bruit.

1b Complète par *ce* ou *se*.

1. ______ matin, Chloé et Louna ______ lèvent de bonne heure. 2. Elles ______ précipitent dans la salle de bains et ______ préparent hâtivement. 3. ______ jour est, pour les deux sœurs, exceptionnel. 4. La joie ______ lit sur leur visage. 5. Elles ______ rendent chez leur tante qui habite près d'un lac. 6. Des maîtres nageurs assurent la sécurité de ______ plan d'eau. 7. Aussi, ______ soir dès leur arrivée, elles ______ baigneront si le temps le permet.

2 Complète par *se* ou *s'*.

1. João ______ promène dans la forêt. 2. Soudain, un bruit, il ______ retourne et aperçoit un oisillon au pied d'un buisson. 3. Il ______ arrête et ______ approche lentement. 4. Il ______ accroupit, prend le petit animal dans ses mains, ______ relève et ______ éloigne en le caressant.

3 Complète par *ce*, *se* ou *s'*.

1. ______ jeune garçon ______ intéresse à tout ______ qui touche à l'informatique. 2. Cette activité lui permet de ______ détendre, de ______ divertir mais aussi de ______ instruire. 3. Pendant que ses copains ______ amusent sur ______ terrain vague, il ______ met devant son ordinateur. 4. Il ______ connecte à Internet et ______ rend sur ses sites préférés. 5. ______ soir, comme d'habitude, il ______ trouve encore devant l'écran.

Très bien ☐ Assez bien ☐ Pas assez bien ☐

LIVRET DÉTACHABLE

Corrigés

Cahier du jour
Cahier du soir

Français CM1

Corrigés détachables

• Une fois les exercices terminés, l'enfant consultera les **corrigés**. Dans un premier temps, il faudra s'assurer qu'il a compris la **cause de son erreur** ; si ce n'est pas le cas votre aide lui sera précieuse.

• Ensuite, à la fin de chaque page, **l'enfant s'auto-évaluera** en répondant à la question **« As-tu réussi tes exercices ? »** et en cochant la case correspondant à ses résultats.
– Si la majorité des exercices est juste, l'enfant cochera la case « Très bien ».
– S'il a à peu près autant d'exercices justes que d'exercices faux, il indiquera « Assez bien ».
– S'il a plus d'exercices faux que d'exercices justes, il cochera la case « Pas assez bien ».

Grâce à cette petite rubrique, l'enfant apprendra à évaluer son travail et à progresser sans jamais se décourager. S'il a coché la case « Pas assez bien », rassurez-le en lui disant que l'essentiel n'est pas le résultat mais la compréhension des erreurs commises.

GRAMMAIRE

1. Identifier le sujet (1)

1a 1. C'est le goal qui détourne le ballon en corner. 2. Ce sont ses équipiers qui l'applaudissent. 3. Ce sont les supporteurs qui poussent des cris de joie.

1b 1. Qu'est-ce qui annonce le printemps ? Le retour des hirondelles. 2. Qui est-ce qui embellissent les rives du canal ? Les jonquilles. 3. Qui est-ce qui construisent un nid ? Le merle et la merlette.

2a 1. notre maître 2. Léa 3. elle 4. Le *Corail* 5. De nombreux employés 6. la mer Méditerranée 7. sa sœur 8. Lucie et son frère Mathis 9. Mathis 10. Les poules et les canards.

2b Noms propres : Léa ; Le *Corail* ; Mathis. Groupes nominaux : notre maître ; de nombreux employés ; la mer Méditerranée ; sa sœur ; Lucie et son frère Mathis ; les poules et les canards. Pronoms personnels : elle.

2. Identifier le sujet (2)

1a 1. C'est un avion qui passe au-dessus de nous. 2. Ce sont des parachutistes qui atterrissent dans le pré.

1b 1. Qui est-ce qui passe devant l'école ? Monsieur le maire. 2. Qui est-ce qui disent « Bonjour » en chœur ? Les enfants.

1c 1. les passants affolés 2. des badauds.

2a 1. Qui est-ce qui menace de démâter ? Le bateau à voile. 2. Qui est-ce qui s'activent sans relâche sur le pont ? Les matelots.

2b 1. De nombreux satellites 2. Certains 3. Les ingénieurs de Météo France 4. la base de la fusée européenne 5. tous les lancements de la fusée Ariane 6. Les techniciens.

3. Identifier le verbe

1 1. Hier, un cirque **s'est installé**... Dans les prochains jours, un cirque **s'installera**...

2. Au cours de leur prochain spectacle, les trapézistes **voleront** [...] et **accompliront**...

Le mois dernier, les trapézistes **volaient** [...] et **accomplissaient**...

2 1. Pendant que les musiciens jouent de la trompette, les dompteurs font sauter le tigre. 2. Les acrobates s'arrêtent, saluent le public puis effectuent un dernier saut périlleux.

3 1. arrive (arriver) 2. va (aller) 3. tient (tenir) ; brillent (briller) 4. rêve (rêver) 5. adore (adorer) 6. espère (espérer) ; seront (être).

4. Le prédicat

1 1. son copain Louis 2. le bus 3. leur tenue de sport 4. la séance. 5. nos correspondants 6. de nombreuses activités 7. le musée du Louvre 8. les Champs-Élysées.

2a 1. ~~Tous les matins~~, le directeur ouvre le portail de l'école. 2. La maîtresse reçoit les élèves ~~à la porte de la classe~~. 3. Certains élèves lisent ~~avec intérêt~~ une bande dessinée. 4. D'autres commencent un dessin ~~dès leur arrivée~~. 5. ~~À 9 heures précises~~, chacun regagne sa place. 6. ~~Dans le silence~~, Anna distribue les cahiers.

2b *Exemples de réponses* : 1. est nombreux dans les tribunes 2. annonce la composition des équipes 3. marque un but 4. quittent le terrain 5. saluent le public 6. envahissent le terrain.

5. Le complément de phrase

1a *Exemples de réponses* : 1. Karim construit des avions miniatures pendant ses loisirs. 2. Il m'a offert, pour ma fête, sa plus belle maquette.

1b 1. dans le jardin 2. Pendant ce temps 3. En fin de matinée ; avec leur papy ; sur la terrasse 4. Avant l'arrivée de leurs parents 5. Avec application ; sur la table.

2a 1. Le week-end prochain (quand ?) 2. avec beaucoup d'affection (comment ?) 3. avec son grand-père (avec qui ?) 4. à la fin du repas (quand ?).

2a *Exemples de réponses* : 1. **En automne**, les hirondelles sont nombreuses **sur les fils électriques**. 2. Les chiens aboient **bruyamment quand les promeneurs passent**. 3. **Le soir**, Chloé soigne son chat **avec amour**. 4. **Avec son frère**, il fait des recherches **sur Internet**.

6. Les déterminants

1a 1. Les voitures sont exposées dans le parc [des] expositions. 2. Les visiteurs sont nombreux. 3. Les stands sont difficilement accessibles. 4. Dès l'arrivée, j'ai remarqué [un] beau cabriolet rouge. 5. [Un] vendeur est venu me donner [des] renseignements. 6. Il espère me vendre [un] véhicule.

1b 1. le ; des ; des ; le 2. les 3. les ; des 4. les ; la 5. un ; les/des.

2 1. À qui appartient **cette règle** ? 2. Il viendra **cet après-midi**. 3. Qui a acheté **cette console** ? 4. Où range-t-on **ces fiches** ? 5. Peux-tu terminer **ces exercices** ?

3 1. **Ma** sœur et **son** mari ont une jolie maison. 2. **Leur** maison est très belle et **sa** forme originale attire les regards. 3. **Ses** murs sont de couleur ocre. 4. **Son** jardin est la fierté de **ses** parents. 5. **Son** oncle Jean les a aidés à la construire. 6. **Sa** chambre se trouve à l'étage.

7. Identifier l'adjectif

1a 1. Des planètes [lointaines] 2. Une étoile [filante] 3. Le coucher de Soleil 4. Une nuit [étoilée] 5. Une éclipse de Lune 6. Un temps [hivernal].

1b 1. Un temps estival 2. La vie terrestre 3. Un phénomène naturel 4. Une éclipse solaire.

1c 1. petit ; longue ; haute 2. caillouteux ; merveilleux ; unique 3. énormes ; blanche ; jaunie 4. gros ; multicolores.

2a 1. Ce boa est impressionnant. 2. Son propriétaire est téméraire. 3. Ce reptile reste immobile. 4. Il semble endormi. 5. Mais il reste vigilant au moindre bruit. 6. Parfois, il devient agressif.

2b *Exemples de réponses* : 1. Toute la journée, le lion reste **immobile**. 2. Dans ce cirque, le dompteur est **génial**. 3. Avant d'entrer en scène, le trapéziste paraît **concentré**. 4. Tout au long du spectacle, le public a l'air **captivé**.

8. Le complément du nom

1a 1. Un satellite de la Terre 2. L'étoile du Berger. 4. La planète des singes 6. Une éclipse de Soleil.

1b *Exemples de réponses :* 1. Un groupe **d'amis** 2. Une compagnie **de théâtre** 3. Une horde **de sangliers** 4. Une nichée **de lapins**.

1c 1. l'heure [de partir] 2. tes affaires [de piscine] ; la salle [de bains] 3. ton sac [de sport] ; le coffre [de la voiture] 4. le temps [d'attendre] ; le cours [de natation] 5. au restaurant [de la gare] 6. au cinéma [du centre-ville] ; un film [de science-fiction].

2 1. de la nuit (groupe nominal) ; d'une colline (groupe nominal) 2. d'une forêt de conifères (groupe nominal) ; en bois (groupe nominal) 3. de triomphe (groupe nominal) ; de son enfance (groupe nominal) 4. de joie (groupe nominal) 5. de ses vacances à la campagne (groupe nominal) 6. de rêver (verbe à l'infinitif).

9. Le groupe nominal

1a 1. Un train 2. La voiture 3. Le code 4. Le camion 5. Une collection 6. Des véhicules.

1b 1. forêt 2. pêcheurs 3. eaux 4. vol 5. sommet 6. routes.

1c 1. Le [canot] de sauvetage affronte une [mer] déchaînée. 2. Le [pilote] du navire a lancé un [appel] de détresse. 3. Un [vent] violent secoue l'[embarcation] aux voiles multicolores. 4. Les gros [voiliers] de croisière secourent les petits [bateaux]. 5. La [vigilance] de tous évite de nombreux [naufrages].

2 *Exemples de réponses* :

GN complété par…	Un adjectif	Un groupe nominal
Un ami	*Un grand ami*	*Un ami d'enfance*
Un dessin	Un **beau** dessin	Un dessin **d'enfant**
Un jeu	Un jeu **astucieux**	Un jeu **de société**

10. Les pronoms personnels

1 1. nous 2. Il 3. Nous 4. Ils 5. ils 6. elle 7. il 8. Elle 9. J' 10. ils.

2 1. **Toi**, tu restes là ! 2. **Lui**, il joue dans sa chambre. 3. **Nous**, nous apprenons nos leçons. 4. **Eux**, ils écoutent de la musique. 5. **Vous**, vous ne faites rien.

3 1. Ils regagnent leur place. 2. Vous avez de bonnes notes. 3. Nous sortons ce soir. 4. Vous venez me voir. 5. Ils ne se parlent plus.

11. Les pronoms de reprise

1 1. **Il lui** donne un morceau de viande. 2. Je **le leur** présenterai. 3. **Il l'**adore depuis son plus jeune âge. 4. **Elle leur** demande du silence.

2 1. celle-là 2. Celui-ci 3. Cela 4. celle 5. ceux.

3 1. les miennes 2. les nôtres 3. la sienne 4. le mien.

4 Solennellement, le maître s'adresse à ses élèves. Il (**le maître**) leur (**les élèves**) dit : « Vous (**les élèves**) ne m' (**le maître**) avez pas rendu votre fiche de lecture. Je (**le maître**) devrais avertir vos parents. Mais j' (**le maître**) espère que vous (**les élèves**) l' (**la fiche**) aurez terminée avant la fin de la semaine. »

12. La réduction de la phrase

1 1. Les étudiants font leurs recherches. 2. Les vacanciers ramassent des coquillages. 3. Tu dresseras la table.

2 1. Ce livre impressionne les enfants. 2. Une chanteuse donne un spectacle.

3 Cette plage attire des vacanciers. Des jeux occupent les touristes. Nous avons assisté à une compétition. Le bruit tranchait avec le calme. Un public avait envahi la plage.

13. L'expansion de la phrase

1a 1. **Pendant son temps libre**, mon frère a **patiemment** apprivoisé une pie. 2. Avec mes cousins, nous avons construit avec enthousiasme un cabanon près de la rivière.

1b *Exemple de réponse* : Tous les soirs, à la salle polyvalente, le conteur captive son public avec ses belles histoires du passé.

2a 1. Ce château médiéval en ruine domine la profonde vallée de l'Ardèche. 2. Les nombreux touristes étrangers visitent les somptueux jardins du château de Versailles.

2b *Exemples de réponses* : 1. Cette magnifique maison de campagne attire le regard des passants. 2. Ce jeu de société intéresse les jeunes enfants.

14. La ponctuation

1 Comme tous les matins, Léa met un quart d'heure avant de trouver son trousseau de clés, au milieu du fouillis, dans son cartable. Pourtant, elle préfère le ranger là ; elle le perdait trop souvent quand elle le mettait dans la poche de son manteau. Chez elle, il n'y a personne. Sa mère est partie au travail ; son père est allé rendre visite à ses parents.

2 1. Que de monde ! 2. Les plages sont envahies de touristes.
3. Veux-tu marcher jusqu'au port ? 4. C'est un trois-mâts.
5. Quel beau bateau ! 6. Connais-tu les propriétaires ?

3 « Quel bel après-midi ! » chantonne Laura en sortant de la maison. Un panier à la main, elle part ramasser des cerises. Elle veut faire un gâteau surprise à sa maman.
« Où vas-tu ? lui crie son frère Charly.
– Viens, je t'expliquerai en chemin. »
De retour à la maison, Laura rassemble les ingrédients : farine, sucre, beurre.
« C'est maintenant la partie la plus délicate, dit-elle. C'est mon premier gâteau. »
La tarte sort juste du four lorsque maman pousse la porte.
« Quelle est cette délicieuse odeur ? demande-t-elle.
– C'est une tarte aux cerises, nous l'avons faite avec Charly », répond Laura.

15. L'enchaînement des phrases

1 1. alors que 2. Pourtant ; mais 3. car 4. pour.

2a 1. même si 2. bien que 3. malgré.

2b *Exemples de réponses* : 1. pour être tranquille le week-end 2. de peur que son frère ne le mange avant lui 3. afin de partir en vacances.

2c 1. puisqu' 2. Comme 3. parce que.

3 *Exemples de réponses* : 1. afin de 2. car 3. mais 4. grâce.

ORTHOGRAPHE

16. L'accord sujet/verbe (1)

1a 1. jouent ; 2. joue ; 3. jouent ; 4. joue ; 5. joue ; 6. jouons.

1b 1. Les enfants regardent ; Ils se passionnent ; 2. Mon frère déjeune ; 3. Quelques passantes se promènent ; 4. Des oiseaux piaillent.

2 1. Un équipage de six chevaux tourne ; 2. Les numéros de dressage attirent ; 3. Les acrobaties du trapéziste impressionnent ; 4. La dresseuse de tigres entre ; 5. Un trio de jongleurs présente ; 6. Le plus jeune d'entre eux semble.

17. L'accord sujet/verbe (2)

1a 1. Un chat se cache derrière les volets. 2. Des roseaux poussent au bord de l'étang.

1b 1. vivent 2. s'installent 3. passent.

2a 1. Les pêcheurs 2. Les arbres fruitiers.

2b 1. tu la donnes 2. je te l'offre 3. elle me les envoie.

3 1. attend → Le chien 2. fait → il ; s'approche → un passant 3. Aboie → il ; Mord → il 4. revient → le maître ; remue → le chien.

18. L'accord de l'adjectif et du participe passé

1a 1. longues 2. nombreuse 3. attentive et sérieuse.

1b 1. Il a les cheveux raides et drus. 2. Il porte une jolie petite moustache noire. 3. Ses yeux noirs brillent comme d'énormes diamants. 4. Ses mains sont grandes et potelées. 5. Ses traits sont fins, mais très nets.

1c 1. chaudes ; jaunie ; petits ; luisants. 2. stridents ; noirs.

2a 1. cassé 2. affamés 3. Fatiguées 4. poussés.

2b 1. bariolée ; rayées ; fourrées 2. bouclée 3. gelée ; crispées 4. enchanté 5. Affolée.

19. Les accords dans le groupe nominal

1 1. Des villes touristiques 2. Des paysages désertiques 3. Les rues piétonnes.

2 nombreuses ; françaises ; larges et longues ; fin ; hautes ; escarpées ; multiples ; marins ; immenses ; diverses ; oisifs ; sablonneuses ; grandes ; multicolores ; abruptes ; nombreux ; petits ; originaux.

3 1. De grandes cascades scintillantes alimentent de petits lacs limpides. 2. D'étroits chemins escarpés descendent vers les vastes plages ensoleillées. 3. De jeunes animaux farouches bondissent sur les hauts rochers dentelés.

20. Les accords dans la phrase

1 1. Le beau bateau aux voiles multicolores quitte le port et se dirige vers le large. 2. Des marins agiles et décidés grimpent aux cordes et hissent les voiles.

2 1. Les mouettes hardies et criardes interpellent les courageux marins. 2. Secouées par les fortes rafales d'une bise glaciale, les voiles mal attachées claquent.

3 1. Irrités par le bruit, mes voisins se mettent en colère et réprimandent le gêneur. 2. Les dernières skieuses attentives et impatientes s'apprêtent à s'élancer.

4 1. Ce garçon se croit plus intelligent parce qu'il est plus grand. 2. Ce gros nuage noir n'annonce pas du beau temps.

21. L'accord du participe passé avec *être* et *avoir*

1a 1. Mon oncle 2. Mes deux sœurs 3. Mon frère et ma sœur 4. Ma cousine.

1b 1. Les filles sont arrivées trop tôt. 2. Mes cousins sont partis en excursion.

2a 1. piaillé 2. reçu 3. rugi.

2b 1. fini 2. aperçu 3. joué.

3 1. venue 2. éteintes 3. retenti 4. tus 5. levé 6. braqués 7. entrés 8. commencé.

22. L'infinitif en -*er* ou le participe passé en -*é*

1 *Exemples de réponses :* 1. déménager (partir) ; 2. habiter (vivre) ; 3. l'annoncer (l'apprendre).

2 *Exemples de réponses :* 1. situé (construit) ; 2. Allongé (étendu) ; 3. agenouillé (assis) ; 4. amarré (parvenu).

3 1. changé 2. changer 3. changé 4. changer 5. changer.

4 1. aimé 2. étudier 3. passé 4. Intéressée ; écouté 5. assimiler 6. attirée ; passer.

23. Le féminin des noms

1 1. amie 2. inconnue 3. mariée 4. gamine 5. présidente 6. employée.

2 1. L'aviatrice 2. La lionne 3. Cette bonne citoyenne 4. Les parieuses.

3 1. Une poule 2. Une vache 3. Une tigresse 4. La cane 5. La chèvre 6. La biche 7. Une brebis 8. Une guenon 9. L'ânesse.

4 1. ma tante 2. Ma voisine 3. de trotteuses 4. Les habituées 5. La championne.

24. Le pluriel des noms

1a 1. Des erreurs 2. Des amis 3. Des poupées 4. Des ballons 5. Des années 6. Des jouets.

1b 1. têtes ; pelouse 2. joueurs ; terrain 3. arbitres 4. spectateurs 5. silence 6. équipes ; officiels 7. hymnes ; fanfare 8. personnalités ; place.

2 1. perdrix 2. souris 3. repas 4. gaz.

3 1. Mères 2. cailloux ; trous 3. bisous 4. sous ; bijoux 5. hiboux 6. verrous.

25. Le pluriel des noms en -*eu*, -*eau*, -*au* et -*ail*

1a 1. Des radeaux 2. Des feux 3. Des tuyaux 4. Des agneaux 5. Des préaux 6. Des eaux.

1b 1. neveux 2. canaux ; bateaux 3. tourtereaux ; jumeaux 4. cheveux 5. landaus ; pneus 6. jumeaux ; cadeaux 7. gâteaux 8. jeux.

2a 1. Des chandails 2. Des travaux 3. Des rails 4. Des coraux 5. Des détails 6. des éventails.

2b 1. travaux 2. portails 3. soupiraux ; vitraux 4. émaux 5. épouvantails ; chandails.

26. A/à – ou/où

1a 1. Papy a (*avait*) acheté un fer à (~~*avait*~~) repasser. 2. À (~~*avait*~~) la campagne, le matin, je dors ; l'après-midi, je vais à (~~*avait*~~) la pêche. 3. Mamie a (*avait*) préparé des pâtes à (~~*avait*~~) la carbonara. 4. Souvent, nous allons à (~~*avait*~~) la piscine. Maman nous apprend à (~~*avait*~~) nager. Elle a (*avait*) beaucoup de patience.

1b 1. Son parrain a offert des patins à roulettes à Camille pour son anniversaire. 2. Il a bien de la chance ! 3. Chaque fois qu'il le peut, Camille va à l'école avec. 4. Au début, il a tâtonné, il a même eu quelques accidents. 5. Maintenant, il a pris de l'assurance. 6. Descendre la rue devant notre maison à toute vitesse ne lui fait plus peur. 7. Son sourire à son retour nous dit qu'il est heureux.

2a 1. où (~~ou bien~~) 2. ou (ou bien) 3. D'où (~~ou bien~~) ; s'il pleut ou (ou bien) s'il neige.

2b 1. Où ; ou 2. ou 3. Où 4. ou 5. où 6. ou ; ou 7. où ; ou 8. ou ; où.

27. Et/est – son/sont

1a 1. est (était) ; et (et puis) 2. est (était) ; et (et puis) 3. est (était) 4. est (était) ; et (et puis).

1b 1. est ; et 2. est ; et 3. est ; et 4. est 5. est 6. et 7. est ; et.

2a 1. sont (étaient) 2. son (mon) 3. son (mon) ; sont (étaient) 4. sont (étaient) ; son (mon).

2b 1. son 2. son 3. sont 4. sont 5. sont 6. sont ; sont 7. Son 8. Son ; son 9. sont 10. sont.

28. On/on n'/ont

1 1. Ces singes ont une grande agilité. 2. Ces informaticiennes ont une grande expérience. 3. Les funambules ont séduit les spectateurs.

2a 1. On veut toujours bronzer. 2. A-t-on des compétences en informatique ?

2b 1. On n'a pas besoin de se reposer. 2. On n'a pas envie de partir à la plage. 3. On n'a pas beaucoup de choses à vous dire.

2c 1. on 2. On ; on n' 3. On n' 4. On ; on n'.

3 1. On (Il) 2. ont (avaient) 3. ont (avaient) 4. On (Il).

29. Ce/se/s'

1a 1. L'avion se <u>pose</u> (verbe) sur la piste. 2. Ce <u>travail</u> (nom) est très fatigant. 3. Attrape ce <u>jouet</u> (nom) et donne-le-moi. 4. Il se <u>promène</u> (verbe) dans la forêt. 5. La jument se <u>repose</u> (verbe) dans la prairie. 6. Ce <u>camion</u> (nom) fait beaucoup de bruit.

1b 1. Ce ; se 2. se ; se 3. Ce 4. se 5. se 6. ce 7. ce ; se.

2 1. se 2. se 3. s' ; s' 4. s' ; se ; s'.

3 1. Ce ; s' ; ce 2. se ; se ; s' 3. s' ; ce ; se. 4. se ; se 5. Ce ; se.

30. Ces/ses/c'est/s'est

1a 1. Ces 2. ses ; ses 3. ces 4. ses.

1b 1. Ces cyclistes roulent à grande vitesse. 2. Ses poursuivants se rapprochent. 3. Ces équilibristes impressionnent le public. 4. Elle réalise sans hésiter ses numéros.

2a 1. Mon petit frère s'est absenté...
2. Maman ne s'est pas aperçue...

2b 1. C'est ; s'est 2. s'est ; s'est 3. s'est 4. s'est 5. C'est 6. C'est.

31. Les valeurs des lettres *c* et *g*

1 1. déplaçaient 2. avance 3. annoncions 4. remplaçons 5. reçu 6. espacèrent.

2 1. voltigeait 2. échangions 3. vous voyagiez 4. vendanger 5. déchargeons 6. rougit.

3 1. guirlandes 2. bagarres 3. bague 4. Gustave 5. gommes 6. guenon 7. gagnant 8. vagues.

4 1. gorge 2. maçon ; façade 3. cage 4. cigales 5. digue protège 6. cartable 7. géographie 8. race 9. Ce garçon.

32. Les noms féminins en -é, -té, -tié

1 1. la pensée 2. une jetée 3. la rangée 4. la rentrée 5. la nichée 6. une durée.

2a 1. La simplicité ; la solidité ; [la dictée] ; la pauvreté.

2. L'amitié ; la curiosité ; la rapidité ; [la jetée].

3. La pitié ; [la montée] ; la rareté ; la solidité.

2b 1. une antiquité 2. fierté 3. sensibilité 4. fragilité.

2c 1. la cuillerée 2. une bouchée 3. une poêlée 4. la matinée 5. une brassée 6. la poignée.

3 1. la montée ; une curiosité 2. anxiété ; ma dictée 3. ma clé ; l'intégralité.

33. Les mots invariables

1a cependant – durant – voilà – [vert] – trop – malgré – [ami] – [gant] – aussi – comme – [galop] – bien.

1b 1. puis 2. donc 3. alors 4. parmi 5. voici 6. devant 7. ici 8. soudain 9. autour 10. lorsque 11. seulement 12. plusieurs 13. aussitôt 14. longtemps.

1c 1. Quand 2. avec 3. Déjà 4. vraiment 5. Parfois 6. aussi.

2 1. Les lynx 2. Les croquis 3. Les noix 4. Les compas 5. Les concours.

CONJUGAISON

34. Le présent (1)

1a 1. joue 2. salue 3. regardent 4. crient ; se préparent 5. plient 6. posent ; sautent.

1b 1. dirige 2. rangeons 3. nageons 4. plongeons 5. partageons.

1c 1. Nous annonçons la prochaine course. 2. Nous avançons timidement vers la ligne de départ.

2a 1. bondit 2. choisis 3. remplis 4. finissons 5. gravissez 6. franchissent.

2b 1. Les coureurs se réunissent 2. Ils bondissent 3. La plus rapide franchit la ligne 4. Nous l'applaudissons.

35. Le présent (2)

1 1. veux ; peux 2. est ; Êtes 3. es ; Peux 4. pouvons ; voulez 5. veulent ; peuvent 6. Sont ; peuvent ; veulent.

2 1. vois ; vois ; a 2. Ai ; avons 3. a ; ai 4. Ont ; vois 5. voient ; ont 6. prévoient ; devons.

3 1. Je veux ; Nous voulons 2. Tu peux ; Vous pouvez 3. Tu vois ; Vous voyez 4. Il a ; Elles ont 5. Je suis ; Nous sommes.

36. Le présent (3)

1 1. allons ; vont 2. faites ; allez 3. disent ; font 4. faisons ; dit 5. êtes ; dites ; pensez 6. font ; défont.

2 1. prends ; dois 2. prennent ; doivent 3. devons ; reprend 4. surprennent ; doivent 5. prenez ; devons 6. apprend ; doit.

3 1. dois ; Vous devez 2. fais ; Nous faisons 3. Dit ; Dites 4. apprend ; Vous apprenez 5. comprends ; Ils comprennent ; dois ; Ils doivent.

37. L'imparfait (1)

1a 1. restais ; observais 2. jouaient 3. remuait ; rajoutait.

1b 1. Ils logeaient dans un gîte rural. 2. Ils rêvaient d'amour.

1c 1. Les nuages et le vent annonçaient un orage. 2. Nous commencions à avoir froid.

1d 1. annonçait 2. rangions 3. avancions 4. commençait 5. agacions 6. changeait 7. élevait.

2 1. remplissions 2. embellissais 3. envahissaient 4. ratissais 5. bondissait 6. ravissiez.

38. L'imparfait (2)

1 1. avais 2. étais 3. étions 4. aviez 5. pouviez 6. étions 7. étais 8. avais 9. avait 10. était 11. pouvais 12. était.

2 1. voyait 2. voulais 3. voyais ; voulais 4. voulaient 5. voyaient ; étaient 6. voulions 7. voulaient 8. voyiez 9. vouliez.

3 1. Je voulais ; Nous voulions 2. Étais-tu ; Étiez-vous 3. Avait-il ; Avaient-ils 4. Pouvais-tu ; Pouviez-vous 5. Elle revoyait ; Elles revoyaient.

39. L'imparfait (3)

1 1. allions ; apprenaient 2. deviez ; étiez 3. allais ; prenais 4. devaient ; attendait 5. allais ; devais 6. apprenais ; devais.

2 1. faisais ; disais 2. interdisait ; redisait 3. faisais ; disait 4. contredisions 5. refaisiez 6. disais ; faisions.

3 1. J'apprenais ; Nous apprenions 2. Tu devais ; Vous deviez 3. Elle disait ; Elles disaient 4. J'allais ; Nous allions 5. Il faisait ; Ils faisaient.

40. Le futur (1)

1a 1. défilerez 2. oublieras 3. remercieront 4. commencerez 5. arrangerons 6. retournerai 7. plierez 8. distribuera.

1b 1. aboiera 2. essaierez 3. balaierai 4. essuieront 5. essaierons 6. t'ennuieras.

2 1. choisiront 2. noirciras 3. rougirons 4. saisira 5. applaudira.

3 1. ne travailleront pas ; se reposeront 2. coupera ; fleurira 3. pétrira ; fabriquera.

41. Le futur (2)

1 1. Tu pourras 2. Vous voudrez 3. Je pourrai 4. Il voudra 5. Nous voudrons 6. Elles pourront.

2 1. serons ; verront 2. sera ; aura 3. sera ; reverra 4. aurai ; pourras 5. seront ; verront.

❸ 1. Je serai ; Nous serons 2. je pourrai ; nous pourrons. 3. Voudra-t-elle ; Voudront-elles 4. tu ne verras rien ; vous ne verrez rien 5. Il aura ; Ils auront.

42. Le futur (3)

❶ 1. Elle ira 2. Je te devrai 3. Tu iras 4. Nous devrons 5. Vous direz 6. Ils te diront.

❷ 1. referai ; prendras 2. comprendra ; fera 3. ferons ; attendrons 4. prendront ; ferons 5. surprendra 6. Ferez ; attendrons.

❸ 1. tu iras ; Vous irez 2. je ferai ; Nous ferons 3. Elle reprendra ; Elles reprendront 4. tu devras ; Vous devrez 5. Il lui dira ; Ils lui diront 6. J'irai ; Nous irons.

43. Le passé simple (1)

1a 1. restèrent 2. arriva 3. transporta 4. donnèrent 5. décidèrent 6. sautèrent.

1b 1. prépara 2. démarra 3. roula 4. quittèrent ; empruntèrent 5. s'arrêta.

1c 1. Il arrangea sa chambre. 2. Elle avança lentement sur la plage.

❷ 1. bondirent 2. assourdit 3. rougirent 4. finirent.

❸ 1. fut ; eurent 2. eut ; fut 3. fut ; eut.

44. Le passé simple (2)

1a 1. put ; firent 2. voulurent ; fit 3. purent ; voulut.

1b 1. Il fit ; Elles firent 2. Il voulut ; Ils voulurent 3. Elle put ; Elles purent.

2a 1. vit ; alla 2. allèrent ; virent 3. dirent.

2b 1. Ces enfants dirent ; Il dit 2. Ils virent ; On vit 3. Dora et son amie allèrent ; Elle alla.

❸ 1. Elle apprit ; Elles apprirent 2. Il dut ; Ils durent.

45. Des terminaisons régulières (1)

1a 1. Tu détruisais 2. Tu enfonces 3. Tu veux 4. Tu saisis 5. Tu décoreras 6. Tu peux.

1b

	Présent	Imparfait	Futur
1. Partager	Tu partages	Tu partageais	Tu partageras
2. Agir	Tu agis	Tu agissais	Tu agiras

1c 1. Tu construisais 2. tu réfléchiras.

2a

	Présent	Imparfait	Futur
1. Proposer	Vous proposez	Vous proposiez	Vous proposerez
2. Être	Vous êtes	Vous étiez	Vous serez
3. Dire	Vous dites	Vous disiez	Vous direz

2b 1. Vous faites 2. Vous restiez 3. Vous comprendrez 4. Vous ne vous étonnez plus.

46. Des terminaisons régulières (2)

1a

	Présent	Imparfait	Futur
1. Amener	Nous amenons	Nous amenions	Nous amènerons
2. Punir	Nous punissons	Nous punissions	Nous punirons
3. Avoir	Nous avons	Nous avions	Nous aurons

1b 1. Nous achèterons. 2. nous cultivons. 3. nous vivions.

2a

	Présent	Imparfait	Futur
1. Conduire	Elles conduisent	Elles conduisaient	Elles conduiront
2. Être	Ils sont	Ils étaient	Ils seront
3. Garnir	Ils garnissent	Ils garnissaient	Ils garniront
4. Employer	Elles emploient	Elles employaient	Elles emploieront

2b 1. Elles pétrissaient 2. Ils se connaissent 3. Ces périodiques paraissent 4. Ces musiques auront.

47. Le passé composé des verbes *avoir* et *être*

1a 1. as eu 2. avez eu 3. ont eu 4. avons eu 5. ai eu 6. a eu.

1b 1. J'ai eu une tablette. 2. Les joueurs ont eu une médaille. 3. Valentine a-t-elle eu un téléphone portable ? 4. Vous avez eu les félicitations. 5. Nous avons eu de la visite. 6. As-tu eu de bonnes notes ?

2a 1. a été 2. avons été 3. as été. 4. ai été 5. ont été 6. avez été.

2b 1. Les touristes ont été contents de leur séjour. 2. Ce monsieur a-t-il été ton professeur ? 3. Vous avez été très prudente. 4. As-tu été le goal de ton équipe ? 5. Nous avons été fiers de toi.

48. Le passé composé (1)

1a [J'ai réussi] – elle prenait – [il s'est disputé] – nous voudrons – [ils ont signé] – [nous avons ouvert] – [je suis entré] – il prit – [elles ont compris] – tu prendras

1b 1. a pris 2. a commencé 3. ont déambulé 4. sont montés 5. ont pu 6. sont partis.

2a 1. Elles ont refusé de me croire. 2. Il a trouvé rapidement la bonne réponse. 3. Zora a adoré les cours d'histoire.

2b Hier, Adèle a quitté l'école à 16 heures. Elle a goûté, puis elle a gagné son bureau où elle a terminé ses devoirs. Ensuite, elle a étudié ses leçons. Sa nourrice lui a demandé de réviser les tables.

❸ 1. Il a toujours agi à bon escient. 2. Tu as gravi facilement cette paroi.

49. Le passé composé (2)

1a 1. J'ai cru 2. Mon père est sorti. 3. Je suis revenu(e) 4. Anne et Marie ont voulu.

1b 1. Paul s'est perdu dans la forêt. 2. Elle est repartie plus tôt que prévu. 3. Sa tante est venue l'accueillir. 4. Le plongeur a retenu sa respiration.

2a 1. pris 2. produit 3. écrit 4. mis 5. fait 6. appris.

2b 1. Un meuble construit 2. Un problème compris 3. Un sentier interdit.

3 1. a pu 2. a fini 3. a fait 4. a compris 5. s'est assis 6. a appelé.

VOCABULAIRE

50. Les homonymes

1 1. Première série : haut ; eau ; au 2. Deuxième série : verre ; vers ; vert ; ver 3. Troisième série : mettre ; maître ; mètre.

2a 1. le poignet/~~la poignée~~ 2. cent/~~sang~~ 3. ~~mât~~/mas 4. ~~cent~~/sang 5. ~~Le poignet~~/La poignée 6. mât/~~mas~~.

2b 1.a. Il me prête gentiment une paire de boules de pétanque. b. Douze est un nombre pair. c. Ma mère et mon père sont très fiers de moi.

2.a. Le cou de cette girafe est vraiment très long. b. Le boxeur terrasse son adversaire d'un coup de poing. c. Le coût des réparations de la voiture est élevé.

3.a. Je l'ai attendu en vain. b. Il débouche une bonne bouteille de vin. c. Cette maison a été construite il y plus de vingt ans.

51. Les synonymes

1a 1. maigre – chétif – ~~gros~~ – gringalet 2. chanter – ~~se taire~~ – fredonner – entonner 3. comprendre – apprendre – ~~ignorer~~ – assimiler 4. intelligent – sensé – instruit – ~~stupide~~

1b *Exemples de réponses* : 1. Des remèdes 2. Des vêtements 3. Des bouquins 4. Une rivière 5. Des automobiles 6. Un marin.

1c *Exemples de réponses* : Selim pêche avec son copain Edouard. Son camarade est un débutant. Il donne des conseils à son ami. À la fin de la partie de pêche, les deux complices se partagent les prises.

2a *Exemples de réponses* : 1. Bouger les bras 2. Déplacer une pierre 3. Arracher une dent 4. Retirer ses vêtements.

2b 1. J'ai passé un excellent moment avec mes voisines. 2. C'est un gentil petit ! 3. Ce dessert est vraiment succulent.

52. Les familles de mots

1a [jour]nal – em[barqu]er – aéro[port] – dé[gel]er – [épais]seur – [plant]ation – [mont]agnard – [imag]inaire – [précis]ion – [calm]ement

1b Les intrus : 1. fermette 2. alignement 3. plateau.

2a 1. Famille 1 : dévêtir ; vestiaire ; veste ; sous-vêtement.
2. Famille 2 : vision ; voyant ; visuel ; invisible.
3. Famille 3 : territoire ; parterre ; terrasse ; terroir.

2b 1. cuisinier 2. cuire 3. cuisson 4. cuisine 5. culinaires.

53. Les préfixes

1a 1. Le contraire : invisible ; désagréable ; malvoyant. 2. À nouveau : relire ; refaire ; revenir. 3. Avant : prédire ; préhistoire ; prévenir.

1b 1. [Im]mobile (le contraire) 2. [Multi]colore (plusieurs) 3. [Sou]terrain (au-dessous) 4. [Anti]vol (action de protéger) 5. [Para]pluie (action de protéger) 6. [Dés]obéissant (le contraire) 7. [Sou]ligner (au-dessous) 8. [Poly]gone (plusieurs).

2a 1. soucoupe 2. parapluie 3. envol 4. kilogramme.

2b 1. dépose 2. transposent 3. propose 4. repose.

54. Les suffixes

1a 1. mécanicien(ne) 2. informaticien(ne) 3. agriculteur(trice) 4. poissonnier(ère) 5. pharmacien(ne) 6. fleuriste.

1b 1. éléphanteau 2. maisonnette 3. canetons 4. garçonnet 5. lionceaux.

2a 1. un remplaçant 2. une soustraction 3. la correction 4. un collage 5. la connaissance 6. l'ignorance.

2b 1. gagnable 2. joignable 3. remarquable 4. visible 5. compréhensible.

55. Les contraires

1a 1. Interdit → Autorisé 2. Rapide → Lent 3. Chaud → Froid 4. Sec → Humide

1b 1. ami 2. dur 3. fort 4. épais 5. cru 6. fermé.

1c 1. À la fin des cours, Ilyès rentre lentement chez lui. 2. Le jury décide que l'accusé est innocent. 3. Sofia a frappé fortement sur la table.

2a 1. inconnu/méconnu 2. inutile 3. malheureux 4. incroyable 5. impatient 6. involontaire.

2b 1. incompréhensible 2. mécontent 3. illisible.

56. Le champ lexical

1a 1. Le livre 2. La pluie 3. La chasse 4. La peinture 5. La météo.

1b La champ lexical de la mer.

2a *Exemples de réponses* : maître, professeur, école, maternelle, primaire, collège, classe, bureau, livre, cahier, récitation, devoirs, calcul, tableau, élèves, récréation, cantine, etc.

2b *Exemples de réponses* : 1. Écurie, garrot, selle, robe, galop, trot, saut, etc. 2. Cavalier, chevalerie, chevaucher, etc. 3. Poulain, pouliche, canasson, pur-sang, étalon, jument, etc.

57. Le sens propre et le sens figuré

1a 1. Sens figuré. 2. Sens propre. 3. Sens figuré. 4. Sens propre. 5. Sens propre. 6. Sens figuré.

1b 1. Sens propre 2. Sens figuré. 3. Sens figuré 4. Sens propre.

2 *Exemples de réponses* : 1. Julien est toujours bien habillé. 2. Mélissa est généreuse. 3. Carla parle beaucoup. 4. Djibril est doué pour le jardinage. 5. Noam a peur de tout. 6. Agathe est rêveuse.

58. La nominalisation des verbes

1a 1. l'isolement/l'isolation. 2. le sauvetage 3. la fuite 4. l'enlèvement 5. la direction 6. la morsure 7. une fixation 8. la prévoyance/la prévision.

1b 1. L'apprentissage de son texte 2. La naissance de ma petite sœur 3. La parution du journal 4. Le changement de train.

2 1. Au mariage de mon voisin, les invités étaient nombreux. 2. L'augmentation du prix des fruits réduit la consommation.

3. Le passage du Tour de France près de chez nous attire beaucoup de spectateurs. 4. La pluie de cet après-midi a arrosé le jardin.

59. La nominalisation des adjectifs

1a 1. la solidité 2. l'exactitude 3. la grandeur 4. la possibilité 5. la finesse 6. la différence 7. l'importance 8. la gravité.

1b 1. La difficulté du parcours 2. La violence du vent 3. La propreté de cette plage 4. L'abondance de la récolte 5. La jalousie de mon petit frère.

2 1. La puissance de cette voiture nous permet de nous déplacer rapidement. 2. La violence du vent couche les arbres. 3. J'apprécie la franchise de mon amie Maelle. 4. La simplicité de sa tenue ne l'empêche pas d'être élégante.

60. L'utilisation du dictionnaire

1a 1. (4) frise – (2) fantaisie – (3) fidèle – (1) banane – (5) terre.

2. (3) greffe – (2) garnir – (4) guéridon – (5) jardin – (1) bêche.

3. (4) intime – (5) isolation – (1) identité – (2) ignoré – (3) informatique.

1b 1. Calme – [cylindre] – chapeau – corde – crayon.

2. Drapeau – [dribleur] – dresser – droguerie – druide.

3. Carburant – carnaval – [cataracte] – carpe – cartable.

2a 1. Le bâton du chef d'orchestre. 2. Bâtonnets qui tiennent lieu de couverts dans les pays d'Extrême-Orient.

2b *Exemples de réponses* : 1. La place de l'église est fréquentée par les touristes. 2. Il termine la course à la troisième place. 3. Il n'y a plus de place dans le parking.

30 Ces/ses/c'est/s'est

Je découvre et je retiens

1 Il a fait chaud ces derniers jours (***ceux-ci***). Papa a souvent arrosé ses légumes (***les siens***).

▶ ***Ces*** est le pluriel de *ce*, *cet* ou *cette*.

▶ ***Ses*** est le pluriel de *son* ou *sa*.

2 C'est un très beau spectacle. Le trapéziste s'est rattrapé de justesse.

▶ On peut remplacer ***c'est*** par *cela est*.

▶ ***S'est*** fait partie de la forme verbale. On peut remplacer ***s'*** par un autre pronom (*me*, *m'*, *te*, *t'*, etc.).

Je m'entraîne

1a Complète les phrases avec *ces* ou *ses*.

1. ______ émissions n'ont aucun intérêt.
2. Sarah partage ______ bonbons avec ______ amis.
3. Toutes ______ illuminations annoncent Noël.
4. Le médecin annonce à ______ clients qu'il prend sa retraite.

1b Mets les mots soulignés au pluriel.

1. Ce <u>cycliste</u> roule à grande vitesse. → ______
2. Son <u>poursuivant</u> se rapproche. → ______
3. Cette <u>équilibriste</u> impressionne le public. → ______
4. Elle réalise sans hésiter son <u>numéro</u>. → ______

2a Récris les phrases en mettant le verbe au passé composé.

1. Mon petit frère s'absente quelques instants. → ______
2. Maman ne s'aperçoit pas de son absence. → ______

2b Complète par *c'est* ou *s'est*.

1. ______ la fête du village : un cirque ______ installé sur la place. 2. Léo ______ précipité pour admirer la parade qui ______ déroulée dans les rues. 3. Il ______ promis d'aller voir le spectacle. 4. Il ______ installé sur les gradins. 5. ______ le tour des clowns ! 6. ______ le numéro préféré des enfants.

Très bien ☐ Assez bien ☐ Pas assez bien ☐

31 Les valeurs des lettres *c* et *g*

Je découvre et je retiens

1 Dans la forêt, nous **avançons** lentement parmi les **ronces**.

► La lettre ***c*** se prononce **[s]** devant *e* et *i*. Elle se prononce **[k]** devant *a*, *o* et *u*.
Pour obtenir **le son [s]** devant ces lettres, on écrit **ç**.

2 Pressés par la tombée de la nuit, nous **changeons** de rythme. Soudain, au loin, un **village** apparaît.

► La lettre ***g*** se prononce **[j]** devant *e* et *i*. Elle se prononce **[g]** devant *a*, *o* et *u*.
Pour obtenir **le son [j]** devant ces lettres, on écrit ***ge***.

3 Très vite, **Guy** reconnaît le **garage** de son grand-père. Il essuie les **gouttes** de sueur sur son front, sourit et nous crie : « Venez, suivez le **guide** ! »

► Pour obtenir le son **[g]**, on écrit ***g*** devant *a*, *o* et *u*, et ***gu*** devant *i*, *e* et *y*.

Je m'entraîne

1 Complète les verbes conjugués avec *c* ou *ç*.

1. Les déménageurs dépla___aient les meubles. 2. Dans cet embouteillage, la voiture avan___e lentement. 3. Il y a dix ans, nous annon___ions ta naissance. 4. Après la tempête, nous rempla___ons les tuiles cassées. 5. Elle a re___u une bonne nouvelle. 6. Ils espa___èrent leurs visites.

2 Complète les verbes conjugués avec *g* ou *ge*.

1. Le singe volti___ait d'une branche à l'autre. 2. Nous échan___ions parfois nos vêtements. 3. Autrefois, vous voya___iez souvent en train. 4. Nous aidons le vigneron à vendan___er sa vigne. 5. De retour de vacances, nous déchar___ons la voiture. 6. Il rou___it dès qu'on lui parle.

3 Complète les mots avec *g* ou *gu*.

1. Les ___irlandes annoncent les fêtes de Noël. 2. Dans la cour de récréation, parfois, des ba___arres éclatent. 3. J'adore la ba___e que tu m'as offerte. 4. ___ustave Eiffel a construit, à Paris, la tour qui porte son nom. 5. Les ___ommes permettent d'effacer nos erreurs. 6. La ___enon surveille ses petits. 7. Ce footballeur est un ___agnant. 8. La baignade est interdite, il y a trop de va___es.

4 Complète les mots avec *c*, *ç*, *g*, *ge* ou *gu*.

1. Il fait chaud, j'ai la ___or___e sèche. 2. Le ma___on a terminé la rénovation de la fa___ade de notre maison. 3. J'ai ouvert la ca___e aux oiseaux. 4. Les ___igales chantent tout l'été. 5. La di___e protè___e les maisons des marées. 6. À la rentrée, j'aurai un nouveau ___artable. 7. La ___éographie est ma matière préférée. 8. Quelle est la ra___e de ce chien ? 9. ___e gar___on est poli.

Très bien ☐ Assez bien ☐ Pas assez bien ☐

32 Les noms féminins en -é, -té, -tié

Je découvre et je retiens

1 Après plusieurs heures de marche, elle découvre l'**entrée** de la grotte.

► Les noms féminins en ***-é*** qui ne finissent pas par ***-té*** ou ***-tié*** s'écrivent ***-ée***, sauf *la clé*.

2 Il a donné la **moitié** de son gâteau à son ami. Sa **bonté** le perdra. Le maçon a transporté une **brouettée** de sable.

► Les noms féminins en ***-té*** ou en ***-tié*** ne prennent pas de ***-e*** final.

► **Six mots** ne suivent pas cette règle : la butée, la dictée, la jetée, la montée, la pâtée et la portée, ainsi que les mots qui expriment **une contenance** (une brouettée).

Je m'entraîne

1 Trouve un nom féminin dérivé de chacun des verbes.

1. Penser → la ____________
2. Jeter → une ____________
3. Ranger → la ____________
4. Rentrer → la ____________
5. Nicher → la ____________
6. Durer → une ____________

2a Dans chaque ligne, écris la terminaison des mots féminins et entoure l'intrus.

1. La simplicit____ ; la solidit____ ; la dict____ ; la pauvret____
2. L'amiti____ ; la curiosit____ ; la rapidit____ ; la jet____
3. La piti____ ; la mont____ ; la raret____ ; la solidit____

2b Complète les phrases avec un nom féminin de la famille de l'un des adjectifs suivants : *antique – fier – sensible – fragile*.

1. Cette commode est une ____________ . 2. J'attendais le résultat avec de la ____________ . 3. Ton jugement est plein de ____________ . 4. Attention à la ____________ de ce vase !

2c Trouve les mots de la même famille qui expriment une contenance.

1. La cuillère → la ____________
2. La bouche → une ____________
3. La poêle → une ____________
4. Le matin → la ____________
5. Les bras → une ____________
6. Le poing → la ____________

3 Écris la terminaison des noms féminins.

1. La mont____ des marches du Mont-Saint-Michel est une curiosit____ . 2. Je me demande avec anxiét____ si j'ai réussi ma dict____ . 3. Sur ma cl____ USB, j'ai enregistré l'intégralit____ de mes bulletins scolaires.

Très bien ☐ Assez bien ☐ Pas assez bien ☐

33 Les mots invariables

Je découvre et je retiens

1 Aujourd'hui, c'est notre dernier jour de vacances. Nous allons à Carcassonne visiter la cité. Je l'ai souvent admirée sur des cartes postales. Je ferai beaucoup de photos.

► Les mots en couleur sont des **mots invariables.** Ils ont toujours la **même orthographe**.

2 Papa s'est renseigné sur le/les prix du/des repas au restaurant voisin.

► Les noms en bleu sont **invariables.** Ils **ne changent pas** d'écriture **au pluriel.**

Je m'entraîne

1a Entoure les intrus qui se sont glissés dans cette liste de mots invariables.

cependant – durant – voilà – vert – trop – malgré – ami – gant – aussi – comme – galop – bien

1b Trouve les mots invariables en remettant les lettres données en ordre.

1. u, s, i → p______________
2. o, c, n → d______________
3. l, o, s, r → a______________
4. r, i, m, a → p______________
5. i, i, c, o → v______________
6. v, e, t, a, n → d______________
7. i, i, c → ______________
8. a, i, d, o, u, n → s______________
9. r, u, t, o, u → a______________
10. q, e, u, r, o, s → l______________
11. t, e, m, n, e, l → seu______________
12. e, r, s, i, s, u, u → pl______________
13. i, t, s, ô, t, s → au______________
14. t, g, s, n, p, e, m → lo______________

1c Complète le texte en utilisant les mots invariables suivants : *aussi – déjà – quand – vraiment – parfois – avec.*

______________ je vois mes petits-enfants jouer ______________ l'appareil photo, je suis admiratif. ______________ très jeunes, ils maîtrisaient ______________ cette technologie. ______________, ils aiment ______________ me donner des conseils.

2 Écris les noms entre parenthèses au pluriel.

1. Les (lynx) ______________ ont une queue très courte. 2. Les (croquis) ______________ sont des dessins faits rapidement. 3. Les (noix) ______________ se ramassent en automne. 4. Les (compas) ______________ servent à tracer des cercles. 5. Les (concours) ______________ de pétanque sont fréquents en été.

Très bien ☐ Assez bien ☐ Pas assez bien ☐

34 Le présent (1)

Je découvre et je retiens

1 J'aide maman le week-end. Nous arrangeons le toit de la maison. Nous remplaçons les vieilles tuiles.

► Pour conjuguer un **verbe en *-er*** au présent, il faut ajouter à son radical les terminaisons suivantes : ***-e, -es, -e, -ons, -ez, -ent***.

2 Toute la famille **resplendit** de bonheur. Nos amis **resplendissent** de bonheur.

► Pour conjuguer un **verbe en *-ir/-issons*** au présent, il faut ajouter à son radical les terminaisons suivantes : ***-is, -is, -it, -issons, -issez, -issent***.

Je m'entraîne

1a Mets les verbes entre parenthèses au présent.

1. L'enfant (jouer) __________ dans la rivière. 2. Il (saluer) __________ les passants. 3. Ses amis le (regarder) __________ du bord. 4. Ils (crier) __________ et ils (se préparer) __________ à l'imiter. 5. Ils (plier) __________ leurs vêtements. 6. Ils les (poser) __________ sur l'herbe et (sauter) __________.

1b Écris les verbes au présent.

1. Le moniteur (diriger) __________ le groupe. 2. Nous (ranger) __________ nos affaires dans les vestiaires. 3. Nous (nager) __________ le crawl puis la brasse. 4. Nous (plonger) __________ les uns après les autres. 5. À la fin de l'entraînement, nous (partager) __________ un gâteau.

1c Récris les phrases en remplaçant le sujet par *nous*.

1. L'organisatrice annonce la prochaine course. → __________
2. J'avance timidement vers la ligne de départ. → __________

2a Écris les verbes à la personne demandée.

1. Elle (bondir) __________ hors de son lit. 2. Tu (choisir) __________ tes vêtements. 3. Je (remplir) __________ les bols. 4. Nous (finir) __________ nos devoirs. 5. Vous (gravir) __________ les escaliers. 6. Ils (franchir) __________ la porte de la classe.

2b Écris les phrases au présent.

1. Les coureurs se réunissaient près de la ligne de départ. → __________
2. Ils bondissaient au coup de pistolet. → __________
3. La plus rapide franchissait la ligne d'arrivée. → __________
4. Nous l'applaudissions. → __________

Très bien ☐ Assez bien ☐ Pas assez bien ☐

35 Le présent (2)

Je découvre et je retiens

1 Nous **pouvons** arriver chez vous dimanche après-midi, mais nous **voulons** nous arrêter à Toulouse. Nous **sommes** impatients de vous voir.

- **Pouvoir :** je peux, tu peux, il peut, nous pouvons, vous pouvez, ils peuvent.
- **Vouloir :** je veux, tu veux, il veut, nous voulons, vous voulez, ils veulent.
- **Être :** je suis, tu es, il est, nous sommes, vous êtes, ils sont.

2 Nous **voyons** vos parents demain, **avez**-vous fait vos devoirs ?

- **Voir :** je vois, tu vois, il voit, nous voyons, vous voyez, ils voient.
- **Avoir :** j'ai, tu as, il a, nous avons, vous avez, ils ont.

Je m'entraîne

1 Écris les verbes entre parenthèses au présent.

1. Je (vouloir) ______ vous dire la vérité. Je ne (pouvoir) ______ pas vous mentir. **2.** Le soleil (être) ______ présent. (Être) ______ -vous contente ? **3.** Tu (être) ______ très gentil ! (Pouvoir) ______ -tu me rendre un service ? **4.** Nous (pouvoir) ______ vous conduire à la gare, si vous (vouloir) ______ . **5.** (Vouloir) ______ -ils regarder ce film ? Sinon, ils (pouvoir) ______ jouer aux cartes. **6.** (Être) ______ -ils en retard ? Ils (pouvoir) ______ accélérer s'ils (vouloir) ______ .

2 Écris les verbes au présent.

1. Que (voir) ______ -tu ? Je (voir) ______ un petit lapin. Il (avoir) ______ l'air malade. **2.** (Avoir) ______ -je le temps de téléphoner ? Oui, nous (avoir) ______ tout notre temps. **3.** Ton frère, (avoir) ______ -t-il fait ses devoirs ? J' (avoir) ______ bien peur que non. **4.** (Avoir) ______ -ils des chances de gagner ? S'ils jouent bien, je les (voir) ______ gagnants. **5.** De leur maison, ils (voir) ______ les Pyrénées. Ils (avoir) ______ une vue imprenable. **6.** Mes parents (prévoir) ______ de partir. Nous (devoir) ______ nous rendre chez notre oncle.

3 Mets les verbes entre parenthèses au présent puis récris-les avec le pronom pluriel demandé.

1. Je (vouloir) ______ aller au cinéma. → Nous ______
2. Tu (pouvoir) ______ réussir cet exercice. → Vous ______
3. Tu (voir) ______ ton voisin après l'école. → Vous ______
4. Il (avoir) ______ de la bonne volonté. → Elles ______
5. Je (être) ______ près de l'école. → Nous ______

Très bien ☐ Assez bien ☐ Pas assez bien ☐

36 Le présent (3)

Je découvre et je retiens

1 Sitôt levés, nous **disons** au revoir à nos parents. Ils nous **font** des recommandations. Avec notre club de rugby, nous **allons** au Stade de France.

- **Dire :** je dis, tu dis, il dit, nous disons, vous dites, ils disent.
- **Faire :** je fais, tu fais, il fait, nous faisons, vous faites, ils font.
- **Aller :** je vais, tu vas, il va, nous allons, vous allez, ils vont.

2 Nous **prenons** l'avion jusqu'à Paris. Puis, nous **devons** emprunter le métro.

- **Prendre :** je prends, tu prends, il prend, nous prenons, vous prenez, ils prennent.
- **Devoir :** je dois, tu dois, il doit, nous devons, vous devez, ils doivent.

Je m'entraîne

1 Écris les verbes entre parenthèses au présent.

1. Nous (aller) __________ chercher nos parents à la gare. Ils (aller) __________ être contents. 2. Vous (faire) __________ de gros efforts. Vous (aller) __________ me féliciter. 3. Ils (dire) __________ toujours les mêmes bêtises. Ils nous (faire) __________ rire. 4. Tous les étés, nous (faire) __________ du parapente. Papa (dire) __________ que c'est dangereux. 5. Vous (être) __________ francs. Vous (dire) __________ toujours ce que vous (penser) __________. 6. Les enfants (faire) __________ et (défaire) __________ des châteaux de sable sur la plage chaque année.

2 Écris les verbes entre parenthèses au présent.

1. Je (prendre) __________ mon frère à son école. Je (devoir) __________ le surveiller. 2. Ils (prendre) __________ leurs congés demain. Ils (devoir) __________ être contents. 3. Ce soir, nous (devoir) __________ aller au stade. L'entraînement (reprendre) __________. 4. Elles (surprendre) __________ le public. Elles (devoir) __________ beaucoup s'entraîner. 5. Vous ne (prendre) __________ pas leurs jouets. Nous (devoir) __________ revenir demain. 6. Il (apprendre) __________ vite ses leçons. Le match (devoir) __________ bientôt commencer.

3 Mets les verbes entre parenthèses au présent puis récris-les avec le pronom pluriel demandé.

1. Tu (devoir) __________ terminer la course. → Vous __________
2. Je (faire) __________ confiance aux enfants. → Nous __________
3. (Dire) __________ -elle la vérité ? → __________ -vous la vérité ?
4. Il (apprendre) __________ toujours les leçons. → Vous __________
5. Je (comprendre) __________ , je (devoir) __________ réussir. → Ils __________

Très bien ☐ Assez bien ☐ Pas assez bien ☐

37 L'imparfait (1)

Je découvre et je retiens

1 Le chien **s'approchait** de sa gamelle. Il **balançait** la queue de contentement.
Il **mangeait** goulûment.

► Pour écrire un **verbe en *-er*** à l'imparfait, il faut ajouter à son radical les terminaisons : ***-ais***, ***-ais***, ***-ait***, ***-ions***, ***-iez***, ***-aient***. Attention, pour les verbes en *-cer* et *-ger*, se reporter à la fiche 31.

2 Grand-père **resplendissait** de santé.

► Pour écrire un **verbe en *-ir/-issons*** à l'imparfait, il faut ajouter à son radical les terminaisons : ***-issais***, ***-issais***, ***-issait***, ***-issions***, ***-issiez***, ***-issaient***.

Je m'entraîne

1a Écris les verbes entre parenthèses à l'imparfait.

1. Je (rester) ____________ près du feu et j' (observer) ____________ le mouvement des flammes. 2. Mes sœurs (jouer) ____________ à mes pieds. 3. De temps en temps, Maman (remuer) ____________ les braises et (rajouter) ____________ du bois dans le foyer.

1b Récris les phrases en mettant le sujet à la 3e personne du pluriel.

1. Vous logiez dans un gîte rural. → ____________________________
2. Nous rêvions d'amour. → ____________________________

1c Récris les phrases en mettant les verbes à l'imparfait.

1. Les nuages et le vent annoncent un orage. → ____________________________
2. Nous commençons à avoir froid. → ____________________________

1d Écris les verbes entre parenthèses à l'imparfait.

1. La cloche de l'école (annoncer) ____________ la reprise des cours. 2. Dès huit heures, nous nous (ranger) ____________ devant la porte de la classe. 3. Puis, nous (avancer) ____________ lentement jusqu'à notre place. 4. Une fois tous les élèves assis, le professeur (commencer) ____________ son cours. 5. Parfois, nous l' (agacer) ____________ avec nos bavardages. 6. Alors, il (changer) ____________ de ton. 7. Il (élever) ____________ la voix.

2 Complète les phrases en mettant les verbes à l'imparfait. Utilise les verbes suivants :
***ratisser* – *ravir* – *bondir* – *envahir* – *remplir* – *embellir*.**

1. Nous ____________ la piscine. 2. J'____________ la maison. 3. Les herbes ____________ le jardin. 4. Tu ____________ les allées. 5. Le chien ____________ de joie. 6. Vous ____________ vos parents.

Très bien ☐ Assez bien ☐ Pas assez bien ☐

38 L'imparfait (2)

Je découvre et je retiens

1 Quand j'**ét**ais en vacances, j'**av**ais toujours la permission de jouer. Je **pouv**ais grimper aux arbres dans le jardin. Mon frère et moi, nous **ét**ions inséparables.

- **Avoir :** j'avais, tu avais, il avait, nous avions, vous aviez, ils avaient.
- **Être :** j'étais, tu étais, il était, nous étions, vous étiez, ils étaient.
- **Pouvoir :** je pouvais, tu pouvais, il pouvait, nous pouvions, vous pouviez, ils pouvaient.

2 Je **voy**ais ma sœur jouer au ping-pong ; je **voul**ais faire comme elle.

- **Voir :** je voyais, tu voyais, il voyait, nous voyions, vous voyiez, ils voyaient.
- **Vouloir :** je voulais, tu voulais, il voulait, nous voulions, vous vouliez, ils voulaient.

Je m'entraîne

1 Écris les verbes entre parenthèses à l'imparfait.

1. Gamin, j' (avoir) ______ les cheveux bouclés. 2. J' (être) ______ espiègle. 3. Nous (être) ______ voisins. 4. Vous (avoir) ______ une grande maison. 5. Vous (pouvoir) ______ venir à tout moment. 6. Nous (être) ______ très amis. 7. Tu (être) ______ une brillante élève. 8. J' (avoir) ______ de l'admiration pour toi. 9. Romane (avoir) ______ un vélo de course. 10. Elias (être) ______ très fier. 11. Je (pouvoir) ______ admirer notre voisin. 12. C' (être) ______ mon entraîneur.

2 Écris les verbes à l'imparfait.

1. On se (voir) ______ souvent. 2. Tu (vouloir) ______ devenir mon ami. 3. Quand tu (voir) ______ des papillons, tu (vouloir) ______ les attraper. 4. La nuit, ils (vouloir) ______ contempler le ciel. 5. Quand ils (voir) ______ les étoiles, ils (être) ______ émerveillés. 6. Nous (vouloir) ______ jouer avec nos tablettes. 7. Nos parents ne (vouloir) ______ pas. 8. Vous (voir) ______ votre sœur faire le clown. 9. Vous (vouloir) ______ l'imiter.

3 Mets les verbes entre parenthèses à l'imparfait puis récris-les avec le pronom pluriel indiqué.

1. Je (vouloir) ______ visiter Paris. → Nous ______ visiter Paris
2. (Être) ______ -tu dans la même équipe ? → ______-vous dans la même équipe ?
3. (Avoir) ______ -il le même âge ? → ______-ils le même âge ?
4. (Pouvoir) ______ -tu aller à la mer ? → ______-vous aller à la mer ?
5. Elle (revoir) ______ les photos. → Elles ______ les photos.

Très bien ☐ Assez bien ☐ Pas assez bien ☐

39 L'imparfait (3)

Je découvre et je retiens

1 Autrefois, les gens **devaient** faire la lessive à la main. Ils **prenaient** le linge, le savon, le battoir et **allaient** au lavoir.

► **Devoir :** je devais, tu devais, il devait, nous devions, vous deviez, ils devaient.

► **Prendre :** je prenais, tu prenais, il prenait, nous prenions, vous preniez, ils prenaient.

► **Aller :** j'allais, tu allais, il allait, nous allions, vous alliez, ils allaient.

2 Ils **faisaient** la lessive ensemble. Au lavoir, se **disaient** les bonnes et les mauvaises nouvelles.

► **Dire :** je disais, tu disais, il disait, nous disions, vous disiez, ils disaient.

► **Faire :** je faisais, tu faisais, il faisait, nous faisions, vous faisiez, ils faisaient.

Je m'entraîne

1 Écris les verbes entre parenthèses à l'imparfait.

1. Nous (aller) ____________ à la montagne. Les enfants (apprendre) ____________ à skier.
2. Vous (devoir) ____________ prendre le bus. Vous (être) ____________ dans la même école.
3. J' (aller) ____________ à la piscine. Après le bain, je (prendre) ____________ une douche.
4. Les élèves (devoir) ____________ se taire. Le maître (attendre) ____________ patiemment.
5. Tu (aller) ____________ au lit très tôt. Je (devoir) ____________ éteindre la lumière.
6. J' (apprendre) ____________ mes leçons. Tu (devoir) ____________ m'encourager.

2 Écris les verbes entre parenthèses à l'imparfait.

1. Je (faire) ________ un gâteau. Tu (dire) ________ que c'était le meilleur. **2.** Papa nous (interdire) ________ de nous lever de table. Il le (redire) ________ souvent. **3.** Tu (faire) ________ toujours les mêmes fautes. « Fais attention », (dire) ________ maman. **4.** Souvent, avec mon frère, nous nous (contredire) ____________ . **5.** Pendant les repas de famille, vous (refaire) ________ le monde. **6.** Tu (dire) ________ souvent n'importe quoi. Nous (faire) ________ semblant d'apprécier.

3 Mets les verbes à l'imparfait puis récris-les avec le pronom pluriel indiqué.

1. J' (apprendre) ____________ mes leçons. → Nous ____________________
2. Tu (devoir) ____________ ranger ta chambre. → Vous ____________________
3. Elle (dire) ____________ bonjour à sa maîtresse. → Elles ____________________
4. J' (aller) ____________ à la patinoire. → Nous ____________________
5. Il (faire) ____________ de longues promenades. → Ils ____________________

Très bien ☐ **Assez bien** ☐ **Pas assez bien** ☐

40 Le futur (1)

Je découvre et je retiens

1 Le chien **jouera** (**jouer**) dans le jardin. Il **essaiera** (**essayer**) d'attraper la balle au vol.

► Pour écrire un **verbe en *-er*** au futur il faut ajouter à son **radical** les **terminaisons** : ***-erai***, ***-eras***, ***-era***, ***-erons***, ***-erez***, ***-eront***. Les verbes en ***-yer*** changent le ***y*** en ***i*** à toutes les personnes.

2 Il **réussira** (**réussir**) et **avertira** (**avertir**) son maître par des aboiements.

► Les **verbes en *-ir/-issons*** forment leur futur en ajoutant à leur **radical** les **terminaisons** : ***-irai***, ***-iras***, ***-ira***, ***-irons***, ***-irez***, ***-iront***.

Je m'entraîne

1a Écris les terminaisons des verbes au futur.

1. Vous défil…… dans la rue. 2. Tu oubli…… de venir. 3. Mes parents te remerci…… 4. Vous commenc…… de bonne heure. 5. Nous nous arrang…… pour passer. 6. Je ne retourn…… pas à la montagne. 7. Vous pli…… vos affaires. 8. Le facteur distribu…… le courrier.

1b Écris les verbes entre parenthèses au futur.

1. Le chien (aboyer) …… bruyamment. 2. Vous (essayer) …… de le calmer. 3. Je (balayer) …… la terrasse. 4. Mes parents (essuyer) …… la vaisselle. 5. Nous (essayer) …… de t'envoyer un message. 6. Tu (s'ennuyer) …… sans ton frère.

2 Écris les verbes soulignés au futur.

1. Elles choisissent …… un déguisement. 2. Tu te noircis …… le visage. 3. Nous rougissons …… de plaisir. 4. Il saisit …… son épée à deux mains. 5. On applaudit …… le défilé.

3 Récris ces phrases au futur.

1. Aujourd'hui, mes parents ne travaillent pas, ils se reposent.
→ Demain, ……
2. Dès le matin, maman coupe quelques fleurs et fleurit la salle à manger.
→ En fin de matinée, ……
3. Ce matin, mon frère pétrit la pâte et fabrique de belles pizzas.
→ Ce soir, ……

Très bien ☐ Assez bien ☐ Pas assez bien ☐

41 Le futur (2)

Je découvre et je retiens

1 Nous **voudrons** des volets bleus dans notre maison. Nous **pourrons** bientôt emménager.

► **Pouvoir :** je pourrai, tu pourras, il pourra, nous pourrons, vous pourrez, ils pourront.

► **Vouloir :** je voudrai, tu voudras, il voudra, nous voudrons, vous voudrez, ils voudront.

2 Nos voisins **seront** sûrement surpris. Je ne pense pas que nous **aurons** la possibilité de les inviter avant notre départ. Nous **verrons** plus tard.

► **Être :** je serai, tu seras, il sera, nous serons, vous serez, ils seront.

► **Avoir :** j'aurai, tu auras, il aura, nous aurons, vous aurez, ils auront.

► **Voir :** je verrai, tu verras, il verra, nous verrons, vous verrez, ils verront.

Je m'entraîne

1 Écris les phrases au futur en supprimant le verbe *aller*. Exemple : *je vais avoir → j'aurai.*

1. Tu vas pouvoir acheter un ordinateur. → ____________
2. Vous allez vouloir une récompense. → ____________
3. Je vais pouvoir t'apprendre à réfléchir. → ____________
4. Il va vouloir de nouvelles lunettes. → ____________
5. Nous allons vouloir nager. → ____________
6. Elles vont pouvoir partir en voyage. → ____________

2 Écris les verbes entre parenthèses au futur.

1. Nous (être) ________ bien cachés, elles ne nous (voir) ________ pas. **2.** Il (être) ________ très déçu. Il (avoir) ________ l'occasion de se racheter. **3.** Elle (être) ________ contente. Elle (revoir) ________ avec plaisir nos photos de vacances. **4.** Quand j' (avoir) ________ reçu mon vélo, tu (pouvoir) ________ l'essayer. **5.** Ils (être) ________ près des joueurs. Ils (voir) ________ le match du bord du terrain.

3 Mets les verbes entre parenthèses au futur puis récris-les avec le pronom pluriel indiqué.

1. Je (être) ____________ présent à votre réception. → Nous ____________ présents.
2. À dix-huit ans, je (pouvoir) ____________ voter. → Nous ____________ voter.
3. (Vouloir) ____________ -elle venir à mon anniversaire ? → ____________-elles venir ?
4. De ta place, tu ne (voir) ____________ rien. → Vous ne ____________ rien.
5. Il (avoir) ____________ une visite de son parrain. → Ils ____________ une visite.

Très bien ☐ Assez bien ☐ Pas assez bien ☐

42 Le futur (3)

Je découvre et je retiens

1 Pendant les vacances de Noël, nous **irons** à la montagne. Tu le **diras** à tes amis. Peut-être **garderont**-ils le chien ? Sinon, nous **devrons** le laisser dans un chenil.

- **Aller :** j'irai, tu iras, il ira, nous irons, vous irez, ils iront.
- **Dire :** je dirai, tu diras, il dira, nous dirons, vous direz, ils diront.
- **Devoir :** je devrai, tu devras, il devra, nous devrons, vous devrez, ils devront.

2 Pour remonter les pistes, je **prendrai** le tire-fesses. Je **ferai** souvent la même piste.

- **Prendre :** je prendrai, tu prendras, il prendra, nous prendrons, vous prendrez, ils prendront.
- **Faire :** je ferai, tu feras, il fera, nous ferons, vous ferez, ils feront.

Je m'entraîne

1 Mets les phrases au futur en supprimant le verbe *aller*. Exemple : *je vais aller* → *j'irai.*

1. Elle va aller chez ses parents. → ______
2. Je vais te devoir de l'argent. → ______
3. Tu vas aller retrouver tes copains à la piscine. → ______
4. Nous allons devoir changer la voiture. → ______
5. Vous allez dire du bien de ce journaliste. → ______
6. Ils vont te dire qu'ils t'apprécient. → ______

2 Écris les verbes entre parenthèses au futur.

1. Je (refaire) ______ les exercices. Tu (prendre) ______ le temps de les corriger. **2.** Quand il (comprendre) ______ , il (faire) ______ moins d'erreurs. **3.** Nous (faire) ______ de nouveaux achats. Nous (attendre) ______ les soldes. **4.** Elles (prendre) ______ leur cartable. Nous (faire) ______ nos devoirs. **5.** Sa gentillesse (surprendre) ______ ses professeurs. **6.** (Faire) ______ -vous de la danse ? Nous vous (attendre) ______ à l'entrée du gymnase.

3 Mets les verbes au futur puis récris-les avec le pronom pluriel indiqué.

1. Demain tu (aller) ______ au marché. → Vous ______ au marché.
2. Samedi, je (faire) ______ la cuisine. → Nous ______ la cuisine.
3. Elle (reprendre) ______ ses cours de guitare. → Elles ______ leurs cours.
4. Pour les résultats tu (devoir) ______ attendre. → Vous ______ attendre.
5. Il lui (dire) ______ de revenir. → Ils lui ______ de revenir.
6. J' (aller) ______ au stade avec mon frère. → Nous ______ au stade.

Très bien ☐ Assez bien ☐ Pas assez bien ☐

43 Le passé simple (1)

Je découvre et je retiens

1 Elle **arriva** au sommet plus tôt que prévu et **changea** ses vêtements mouillés par l'effort.

► Pour écrire un **verbe en *-er*** au passé simple, il faut ajouter à son radical les terminaisons : ***-a*** (3e personne du singulier), ***-èrent*** (3e personne du pluriel).

2 Le témoin **réfléchit** avant d'intervenir. Les pompiers **surgirent** à grande vitesse.

► Pour écrire un **verbe en *-ir/-issons*** au passé simple, il faut ajouter à son radical les terminaisons : ***-it*** (3e personne du singulier), ***-irent*** (3e personne du pluriel).

3 Aux derniers bilans, il **fut** satisfait. Il **eut** les meilleures notes.

► **Être :** il fut, elles furent ► **Avoir :** elle eut, ils eurent

Je m'entraîne

1a **Écris les terminaisons du passé simple.**

1. Ses amis rest_______ bouche bée. **2.** L'accident arriv_______ très vite. **3.** On transport_______ le blessé à l'hôpital. **4.** Ses parents leur donn_______ de ses nouvelles. **5.** Dès le lendemain, ils décid_______ de lui rendre visite à l'hôpital. **6.** Ils saut_______ de joie en le trouvant debout dans le couloir.

1b **Écris les verbes entre parenthèses au passé simple.**

1. Comme tous les dimanches, Papa (préparer) ______________ le pique-nique. **2.** Maman (démarrer) ______________ la voiture. **3.** Elle (rouler) ______________ très doucement. **4.** Ils (quitter) ______________ la route nationale et (emprunter) ______________ un petit chemin. **5.** La voiture (s'arrêter)______________.

1c **Récris les phrases en mettant le sujet au singulier.**

1. Ils arrangèrent leur chambre. → ______________________________

2. Elles avancèrent lentement sur la plage. → ______________________________

2 **Écris les verbes entre parenthèses au passé simple.**

1. Ils (bondir) ______________ en avant. **2.** La sirène nous (assourdir)______________ . **3.** Les flammes (rougir) ______________ le ciel. **4.** Les pompiers (finir) ______________ par maîtriser l'incendie.

3 **Écris les verbes entre parenthèses au passé simple.**

1. L'orage (être) ______________ soudain. Ils (avoir) ______________ très peu de temps pour se mettre à l'abri. **2.** Lucien (avoir) ______________ la meilleure place. Il en (être) ______________ tout surpris. **3.** Sa venue (être) ______________ une surprise. Elle (avoir) ______________ la chance de nous trouver.

Très bien ☐ Assez bien ☐ Pas assez bien ☐

44 Le passé simple (2)

Je découvre et je retiens

1 Le chanteur **fit** une tournée dans toute la France. De nombreux fans **voulurent** assister à ses spectacles. Certains ne le **purent** pas faute de places.

▶ **Faire :** elle fit, ils firent. ▶ **Pouvoir :** il put, elles purent. ▶ **Vouloir :** elle voulut, ils voulurent.

2 Heureux, Léo **vit** son idole. Il **alla** aussitôt lui demander un autographe. Il lui **dit** toute son admiration.

▶ **Voir :** il vit, elles virent. ▶ **Dire :** elle dit, ils dirent. ▶ **Aller :** il alla, elles allèrent.

3 Les spectateurs **apprirent** que le concert aurait du retard. Ils **durent** patienter de longues minutes.

▶ **Prendre :** elle prit, ils prirent. ▶ **Devoir :** il dut, elles durent.

Je m'entraîne

1a Écris les verbes entre parenthèses au passé simple.

1. Il (pouvoir) ____________ partir en bateau. Ils (faire) ____________ le tour du monde. 2. Elles (vouloir) ____________ rentrer tôt. On (faire)____________ de nombreux détours. 3. Ils (pouvoir) ____________ la remercier. Elle (vouloir) ____________ les aider.

1b Mets les verbes au passé simple puis récris-les avec le pronom pluriel indiqué.

1. Il (faire) ____________ un très bel exposé. → Elles ________________________
2. Il (vouloir) ____________ se faire pardonner.→ Ils ________________________
3. Elle (pouvoir) ____________ réaliser ses rêves. →Elles ________________________

2a Écris les verbes entre parenthèses au passé simple.

1. Il (voir) ____________ que Guénolée n'arrivait pas. Il (aller) ____________ à sa rencontre. 2. Elles (aller) ____________ chez leur oncle. Elles (voir) ____________ sa nouvelle maison. 3. Ils ne lui (dire) ____________ rien.

2b Mets les verbes au passé simple puis récris-les avec le pronom singulier indiqué.

1. Ces enfants (dire) ____________ bonjour à tout le monde. → Il ________________________
2. Ils (voir) ____________ un serpent impressionnant. → On ________________________
3. Dora et son amie (aller) ____________ à la montagne. → Elle ________________________

3 Écris les verbes au passé simple puis récris-les avec le pronom pluriel indiqué.

1. Elle (apprendre) ____________ des mots d'anglais. → Elles ________________________
2. Il (devoir) ____________ ranger sa veste. → Ils ________________________

Très bien ☐ Assez bien ☐ Pas assez bien ☐

45 Des terminaisons régulières (1)

Je découvre et je retiens

1 Maman, **tu tremblais** quand tu m'**accompagnais** à l'école maternelle. Cette année, j'ai grandi. Tu **peux** me faire confiance. Tu ne **seras** pas déçue.

► À la **2e personne du singulier**, tous les verbes, à tous les temps simples, se terminent par la lettre ***-s***. Seuls *vouloir* (*tu veux*), *pouvoir* (*tu peux*) et *valoir* (*tu vaux*) ne suivent pas cette règle.

2 Vous **réagissiez** comme tous les parents. Maintenant, vous **serez** rassurés, vous **pourrez** toujours me joindre par SMS. Vous me **comprenez** ?

► À la **2e personne du pluriel**, tous les verbes, à tous les temps simples, se terminent par ***-ez***. Les exceptions sont les verbes de la famille de ***dire*** (*vous dites*), de ***faire*** (*vous faites*) et l'**auxiliaire *être*** (*vous êtes*).

Je m'entraîne

1a Écris la terminaison des verbes.

1. Tu détruisai____
2. Tu enfonce____
3. Tu veu____
4. Tu saisi____
5. Tu décorera____
6. Tu peu____

1b Complète le tableau en écrivant les verbes à la 2e personne du singulier (*tu*).

	Présent	Imparfait	Futur
1. Partager			
2. Agir			

1c Récris les phrases à la 2e personne du singulier (*tu*).

1. Elle construisait la maison le week-end. → ____________
2. La prochaine fois, ils réfléchiront. → ____________

2a Complète le tableau en écrivant les verbes à la 2e personne du pluriel (*vous*).

	Présent	Imparfait	Futur
1. Proposer			
2. Être			
3. Dire			

2b Récris les phrases à la 2e personne du pluriel (*vous*).

1. Elle fait semblant de ne rien entendre. → ____________
2. Ils restaient bons amis. → ____________
3. Tu comprendras très vite. → ____________
4. Je ne m'étonne plus de rien. → ____________

Très bien ☐ Assez bien ☐ Pas assez bien ☐

46 Des terminaisons régulières (2)

Je découvre et je retiens

1 Désolés, nous **arriverons** avec un peu de retard. Nous **avions** pourtant prévu d'arriver tôt. Nous **serons** à l'heure la prochaine fois.

► À la **1re personne du pluriel**, tous les verbes, à tous les temps simples (sauf au passé simple) se terminent par ***-ons***. Seul le verbe ***être*** ne suit pas cette règle (*nous sommes*).

2 Ils **allaient** souvent à la montagne. Depuis peu, ils **pensent** acheter un chalet. Ils y **recevront** leurs amis.

► À la **3e personne du pluriel**, tous les verbes, à tous les temps simples, se terminent par ***-nt***.

Je m'entraîne

1a Complète le tableau en écrivant les verbes à la 1re personne du pluriel (*nous*).

	Présent	Imparfait	Futur
1. Amener			
2. Punir			
3. Avoir			

1b Récris les phrases à la 1re personne du pluriel.

1. Elle achètera des cadeaux pour les enfants. → ____________

2. L'été, je cultive de la lavande. → ____________

3. Il y a peu de temps, je vivais en Bretagne. → ____________

2a Complète le tableau en écrivant les verbes à la 3e personne du pluriel (*ils* ou *elles*).

	Présent	Imparfait	Futur
1. Conduire			
2. Être			
3. Garnir			
4. Employer			

2b Récris les phrases à la 3e personne du pluriel.

1. Elle pétrissait la pâte à la main. → ____________

2. Nous nous connaissons depuis longtemps. → ____________

3. Ce périodique paraît tous les mois. → ____________

4. Cette musique aura un gros succès. → ____________

Très bien ☐ Assez bien ☐ Pas assez bien ☐

47 Le passé composé des verbes *avoir* et *être*

Je découvre et je retiens

1 Les jumeaux **ont eu** le même pyjama.

► Le passé composé du verbe ***avoir*** est construit avec l'**auxiliaire *avoir* au présent** et le **participe passé du verbe *avoir*** (*eu*).

2 Ce comique **a été** très drôle.

► Le passé composé du verbe ***être*** est construit avec l'**auxiliaire *avoir* au présent** et le **participe passé du verbe *être*** (*été*).

Je m'entraîne

1a Écris le verbe *avoir* au passé composé.

1. Tu ______ de belles lunettes. 2. Vous ______ de la chance. 3. Mes cousines ______ un babyfoot. 4. Nous ______ des voisins charmants. 5. J'______ la migraine. 6. Ce garçon ______ un superbe vélo.

1b Récris les phrases au passé composé.

1. J'ai une tablette. → ______
2. Les joueurs ont une médaille. → ______
3. Valentine a-t-elle un téléphone portable ? → ______
4. Vous avez les félicitations. → ______
5. Nous avons de la visite. → ______
6. As-tu de bonnes notes ? → ______

2a Écris le verbe *être* au passé composé.

1. Ma tante ______ maladroite. 2. Nous ______ récompensés. 3. Tu ______ ma confidente. 4. J'______ contente de mon travail. 5. Mes chiens ______ primés à plusieurs concours. 6. Vous ______ formidables.

2b Récris les phrases au passé composé.

1. Les touristes sont contents de leur séjour. → ______
2. Ce monsieur est-il ton professeur ? → ______
3. Vous êtes très prudente. → ______
4. Es-tu le goal de ton équipe ? → ______
5. Nous sommes fiers de toi. → ______

Très bien ☐ Assez bien ☐ Pas assez bien ☐

48 Le passé composé (1)

Je découvre et je retiens

1 Mon ami **est** passé à l'improviste. Il **a** oublié de me téléphoner.

► Le passé composé est formé de l'auxiliaire ***être*** ou ***avoir*** au **présent** et du **participe passé** du verbe conjugué.

2 Mes parents ont **oublié** de me laisser les clés. Ma sœur a **refusé** de me laisser entrer.

► Les **verbes en *-er*** ont des participes passés en ***-é***. Exemples : oublier → **oublié** ; refuser → **refusé**.

3 J'ai beaucoup **grandi** cet été. Mais je n'ai pas **fini** ma croissance.

► Les **verbes en *-ir/-issons*** ont des participes passés en ***-i***. Exemples : grandir → **grandi** ; finir → **fini**.

Je m'entraîne

1a Entoure les verbes qui sont au passé composé.

j'ai réussi – elle prenait – il s'est disputé – nous voudrons – ils ont signé – nous avons ouvert – je suis entré – il prit – elles ont compris – tu prendras

1b Complète avec l'auxiliaire *être* ou *avoir* au présent.

1. Corentin __________ pris l'avion vers les États-Unis avec ses parents. **2.** Le voyage __________ commencé par une première étape à New York. **3.** Ils __________ déambulé le long des grandes avenues. **4.** Ils __________ montés en haut de la statue de la Liberté. **5.** Du haut de l'Empire State Building, ils __________ pu admirer l'étendue de cette ville. **6.** Ils __________ ensuite partis pour Washington et la côte Est.

2a Récris les phrases au passé composé.

1. Elles refusent de me croire. → ____________________

2. Il trouve rapidement la bonne réponse → ____________________

3. Zora adore les cours d'histoire. → ____________________

2b Récris le texte au passé composé sur une feuille à part (« *Hier, Adèle…* »).

Adèle quitte l'école à 16 heures. Elle goûte, puis elle gagne son bureau où elle termine ses devoirs. Ensuite, elle étudie ses leçons. Sa nourrice lui demande de réviser les tables.

3 Récris les phrases au passé composé.

1. Il agit toujours à bon escient. → ____________________

2. Tu gravis facilement cette paroi. → ____________________

As-tu réussi tes exercices ?

Très bien ☐ **Assez bien** ☐ **Pas assez bien** ☐

49 Le passé composé (2)

Je découvre et je retiens

1 En tombant, il s'est **tordu** la cheville. Il est **sorti** du terrain.

► Les **autres verbes** ont des participes passés en **-*i*** (*sortir* → *sorti*) ou en **-*u*** (*tordre* → *tordu*).

2 Les pompiers l'ont **mis/mise** sur une civière. Ils l'ont **conduit/conduite** à l'hôpital.

► Certains participes passés des autres verbes se terminent par une **lettre muette** (-*s* ou -*t*).
Pour trouver cette lettre finale, tu peux mettre le **participe passé au féminin**.

Je m'entraîne

1a **Complète les phrases en utilisant le participe passé des verbes *sortir*, *revenir*, *vouloir* et *croire*.**

1. J'ai __________ que tu étais parti. 2. Mon père est __________ sur le pas de la porte 3. Je suis __________ enchanté. 4. Anne et Marie ont __________ le même cadeau.

1b **Récris les phrases suivantes au passé composé.**

1. Paul se perd dans la forêt. → ____________________
2. Elle repart plus tôt que prévu. → ____________________
3. Sa tante vient l'accueillir. → ____________________
4. Le plongeur retient sa respiration. → ____________________

2a **Trouve le féminin du participe passé des verbes suivants dans ta tête puis écris la lettre muette finale.**

1. Prendre → pri___
2. Produire → produi___
3. Écrire → écri___
4. Mettre → mi___
5. Faire → fai___
6. Apprendre → appri___

2b **Transforme les expressions comme dans l'exemple suivant : *dire un poème* → *un poème dit*.**

1. Construire un meuble → ____________________
2. Comprendre un problème → ____________________
3. Interdire un sentier → ____________________

3 **Écris les verbes entre parenthèses au passé composé.**

1. Gaétan (pouvoir) __________ rentrer chez lui après sa radio du genou. 2. Le docteur (finir) __________ par lui poser un plâtre. 3. Il lui (faire) __________ un certificat médical pour le dispenser de sport. 4. Gaétan (comprendre) __________ qu'il ne pourrait pas participer au tournoi de football. 5. En rentrant chez lui, il (s'asseoir) __________ sur le canapé du salon et il (appeler) __________ son entraîneuse pour la prévenir.

Très bien ☐ Assez bien ☐ Pas assez bien ☐

50 Les homonymes

Je découvre et je retiens

Les ronces longent le mur (*en pierres*) du château. Cette plante produit des mûres (*fruits*). Bien mûrs (*prêts à être mangés*), ces fruits sont délicieux.

1 Les **homonymes** sont des mots qui se prononcent de la même façon et qui ont souvent des orthographes différentes.

2 Ils n'ont **pas la même signification** et seul le sens de la phrase permet de savoir quel est le mot qui convient.

Je m'entraîne

1 Regroupe les mots suivants en trois séries distinctes d'homonymes : *haut – verre – mettre – vers – eau – maître – vert – au – mètre – ver*.

1. Première série : ____________________
2. Deuxième série : ____________________
3. Troisième série : ____________________

2a Dans chaque phrase, barre le mot en vert qui ne convient pas.

1. Ma sœur s'est cassé le poignet/la poignée à la gymnastique.
2. Mamie m'a donné cent/sang euros pour mon anniversaire.
3. Papa possède un joli mât/mas en Provence.
4. Enzo s'est coupé le doigt, il a perdu beaucoup de cent/sang.
5. Le poignet/La poignée de la porte est cassée.
6. Le bateau rentre au port pour réparer son mât/mas.

2b Place les mots qui conviennent dans les phrases suivantes.

1. ***Père, pair, paire***

a. Il me prête gentiment une __________ de boules de pétanque. b. Douze est un nombre __________ .
c. Ma mère et mon __________ sont très fiers de moi.

2. ***Coût, cou, coup***

a. Le __________ de cette girafe est vraiment très long. b. Le boxeur terrasse son adversaire d'un __________ de poing. c. Le __________ des réparations de la voiture est élevé.

3. ***Vin, vain, vingt***

a. Je l'ai attendu en __________ . b. Il débouche une bonne bouteille de __________ . c. Cette maison a été construite il y plus de __________ ans.

Très bien ☐ Assez bien ☐ Pas assez bien ☐

51 Les synonymes

Je découvre et je retiens

1 Mes parents ont acheté une belle **villa**. Ce **pavillon** était la **maison** d'un couple d'Anglais.

► **Les synonymes** sont des mots qui ont un sens très proche. Leur emploi permet d'éviter des répétitions.

2 Sur son livret, elle a une grosse **somme** d'argent (*une grosse quantité d'argent*). L'été, après le repas, je fais un petit **somme** (*une petite sieste*). Pour résoudre ce problème, il faut effectuer une **somme** (*une addition*).

► Suivant sa signification, un même mot peut avoir des **synonymes différents**.

Je m'entraîne

1a Barre l'intrus dans chaque groupe de mots.

1. maigre – chétif – gros – gringalet
2. chanter – se taire – fredonner – entonner
3. comprendre – apprendre – ignorer – assimiler
4. intelligent – sensé – instruit – stupide

1b Trouve un synonyme pour chacun des noms.

1. Des médicaments : ______________________
2. Des habits : ______________________
3. Des livres : ______________________
4. Un ruisseau : ______________________
5. Des voitures : ______________________
6. Un matelot : ______________________

1c Récris cette phrase en remplaçant les mots en gras par un synonyme.

Selim pêche avec son copain Édouard. Son **copain** est un débutant. Il donne des conseils à son **copain**. À la fin de la partie de pêche, les deux **copains** se partagent les prises.

____

____

2a Trouve le synonyme de chacun des verbes.

1. Remuer les bras : ______________________
2. Remuer une pierre : ______________________
3. Enlever une dent : ______________________
4. Enlever ses vêtements ______________________

2b Complète les phrases par un synonyme du mot en gras. Utilise les mots suivants : *gentil – excellent – succulent.*

1. J'ai passé un **bon** moment avec mes voisines. → ______________________
2. C'est un **bon** petit ! → ______________________
3. Ce dessert est vraiment **bon**. → ______________________

Très bien ☐ **Assez bien** ☐ **Pas assez bien** ☐

52 Les familles de mots

Je découvre et je retiens

1 Le **jardinage** est un des loisirs préférés des Français. Dans une **jardinerie**, on vous donne tous les conseils pour devenir un parfait **jardinier**.

► Les mots *jardinage*, *jardinerie* et *jardinier* ont une partie fixe commune (*jardin*) qu'on appelle le **radical**. Ces mots qui ont un radical commun appartiennent à la **même famille**.

2 La **salaison** est l'action du **salage** des viandes et des poissons. Pour cela, on utilise du **sel**.

► Ces mots appartiennent à la famille du mot *sel* mais leur radical n'est pas le même partout (*sal* et *sel*). Des mots de la même famille n'ont **pas toujours le même radical**.

Je m'entraîne

1a Entoure le radical des mots suivants.

journal – embarquer – aéroport – dégeler – épaisseur – plantation – montagnard – imaginaire – précision – calmement

1b Entoure l'intrus dans chaque liste de mots.

1. fermeture – fermoir – fermette – refermer – enfermer
2. aliment – alimentaire – alignement – alimentation – alimenter
3. plantation – planter – plateau – plante – transplanter

2a Les mots suivants appartiennent à trois familles différentes. Retrouve la bonne famille pour chaque mot.

dévêtir – vision – vestiaire – territoire – voyant – parterre – veste – visuel – terrasse – sous-vêtement – terroir – invisible

1. Famille 1 : ____________________
2. Famille 2 : ____________________
3. Famille 3 : ____________________

2b Complète le texte avec les mots suivants qui font partie de la même famille :
cuire – culinaires – cuisinier – cuisine – cuisson.

1. Papa est une excellent ____________ . 2. Il fait ____________ tous ses plats avec patience, à basse température. 3. Il maîtrise la ____________ des viandes et des poissons. 4. Nos amis adorent sa ____________ . 5. Il faut ____________ dire que papa regarde fréquemment des émissions ____________ à la télévision.

Très bien ☐ Assez bien ☐ Pas assez bien ☐

53 Les préfixes

Je découvre et je retiens

1 Au bord de la piscine, je **retiens** mon petit frère par la main. Il me **désapprouve** du regard. Je suis **malheureuse** qu'il n'ait pas compris mon geste.

► Les **préfixes** sont des éléments **placés avant** la partie fixe d'un mot. Ils ont des sens différents : ***re-*** → *à nouveau* ; ***dés-*, *mal-*** → *le contraire*.

2 Je **monte** sur mon vélo, la chaîne casse. Je la **démonte**. Je la répare puis je la **remonte**.

► Des préfixes différents placés devant un même mot **changent le sens** de ce mot.

Je m'entraîne

1a Classe les mots suivants en fonction du sens de leur préfixe : *prédire – invisible – revenir – désagréable – préhistoire – relire – malvoyant – prévenir – refaire*.

1. Le contraire : ______________________
2. À nouveau : ______________________
3. Avant : ______________________

1b Dans les mots suivants, entoure le préfixe et précise son sens : *le contraire – au-dessous – action de protéger – plusieurs*.

1. Immobile : ______________
2. Multicolore : ______________
3. Souterrain : ______________
4. Antivol : ______________
5. Parapluie : ______________
6. Désobéissant : ______________
7. Souligner : ______________
8. Polygone : ______________

2a Complète chaque phrase en ajoutant un préfixe au mot en gras.

1. Il place sa théière sur une __________**coupe**.
2. Il pleut, je suis trempé, j'ai oublié mon __________**pluie**.
3. L'avion prend son __________**vol** dans un vacarme étourdissant.
4. Maman a cueilli un __________**gramme** de pommes bien mûres.

2b Complète chaque phrase en ajoutant un verbe de la famille du verbe *poser* au présent.

1. Tous les matins, mon père me ______________ devant l'école.
2. En géométrie, les élèves décalquent et ______________ les figures identiques.
3. La cantine nous ______________ chaque jour des plats différents.
4. Après le match, je me ______________ dans les vestiaires.

Très bien ☐ Assez bien ☐ Pas assez bien ☐

54 Les suffixes

Je découvre et je retiens

1 Cette **fillette** (*petite fille*) donne des concerts. C'est une bonne **pianiste** (*métier*). Elle travaille beaucoup. Elle deviendra une grande **musicienne** (*métier*).

► Le **suffixe** est un petit élément situé à la fin d'un mot pour former un mot nouveau ayant un **sens différent.**

► Les **suffixes diminutifs** (plus petits) les plus couramment utilisés sont : ***-et***, ***-on***, ***-eau***, ***-ette***.

2 Je ne **lave** (*verbe*) plus certains vêtements. Ils ne sont pas **lavables** (*adjectif*) à la machine. Je les confie à une **laverie** (*nom*).

► **Les suffixes** permettent de former des mots de la **même famille**.

Je m'entraîne

1a Trouve le nom du métier correspondant aux noms suivants.

1. Mécanique : ______________________
2. Informatique : ______________________
3. Agriculture : ______________________
4. Poisson : ______________________
5. Pharmacie : ______________________
6. Fleur : ______________________

1b Complète les phrases en ajoutant le suffixe diminutif qui convient.

1. Dans ce zoo, un **éléphant**__________ vient de naître.
2. En me promenant, j'ai découvert une **maison**__________ à l'orée d'un bois.
3. La cane et ses **cane**__________ ont élu domicile près de la mare.
4. Ce **garçon**__________ aime regarder son père bricoler.
5. La lionne et ses **lion**__________ se promènent tranquillement dans la savane.

2a Modifie les suffixes des verbes pour obtenir un nom de la même famille.

1. Remplacer : un ______________________
2. Soustraire : une ______________________
3. Corriger : la ______________________
4. Coller : un ______________________
5. Connaître : la ______________________
6. Ignorer : l'______________________

2b Complète par un adjectif de la même famille que le verbe entre parenthèses.

1. C'est un match (gagner) __________. 2. Je suis (joindre) __________ sur mon portable à partir de 18 heures. 3. Ton compte-rendu sur les vacances est (remarquer) __________. 4. Le clocher de l'église est (voir) __________ de la fenêtre de ma chambre. 5. Je comprends ton histoire. Elle est (comprendre) __________.

Très bien ☐ Assez bien ☐ Pas assez bien ☐

55 Les contraires

Je découvre et je retiens

1 J'adore les voitures. Je déteste le vélo.

► *Adorer* et *détester* expriment des idées contraires. Les **contraires** sont des mots de **sens opposé**.

2 **Faire** et **défaire**, c'est toujours travailler.

Enzo est **content** de son travail. Son papa, lui, est **mécontent** du sien.

► On forme souvent le contraire d'un mot en ajoutant un **préfixe** au radical de ce mot.

Je m'entraîne

1a Relie par une flèche les mots de sens contraire.

1. Interdit •	• a. Autorisé
2. Rapide •	• b. Humide
3. Chaud •	• c. Lent
4. Sec •	• d. Froid

1b Trouve le contraire de chacun des mots.

1. Ennemi : ______________
2. Mou : ______________
3. Faible : ______________
4. Fin : ______________
5. Cuit : ______________
6. Ouvert : ______________

1c Récris les phrases en remplaçant le mot souligné par un mot de sens contraire.

1. À la fin des cours, Ilyès rentre <u>rapidement</u> chez lui. → ______________
2. Le jury décide que l'accusé est <u>coupable</u>. → ______________
3. Sofia a frappé <u>faiblement</u> sur la table. → ______________

2a Écris le contraire des mots en choisissant le préfixe qui convient : *mé-*, *in-*, *im-* ou *mal-*.

1. Connu : ______________
2. Utile : ______________
3. Heureux : ______________
4. Croyable : ______________
5. Patient : ______________
6. Volontaire : ______________

2b Récris les phrases en ajoutant un préfixe au mot en gras pour qu'il ait le sens contraire.

1. Ce texte est ________**compréhensible**. 2. Il est toujours ________**content**.
3. Ton écriture est ________**lisible**.

Très bien ☐ Assez bien ☐ Pas assez bien ☐

56 Le champ lexical

Je découvre et je retiens

1 Dans le Sud, au bord des routes, on voit des platanes. Des chênes, des hêtres et des châtaigniers poussent dans la forêt méridionale.

► Les mots en couleur se rapportent au même mot : ***arbre***. Ils appartiennent au même **champ lexical**, c'est-à-dire au domaine des arbres.

2 Les championnats d'athlétisme viennent de commencer. Dans le stade, les athlètes sont motivés. Les épreuves sont nombreuses ; la compétition dure trois jours. La course reine, le cent mètres, est attendue avec impatience par le public.

► Les mots d'un même champ lexical désignent ceux d'un même domaine, ils peuvent appartenir à une **même famille** ou être **synonymes.** *Athlète* et *athlétisme* sont des mots de la **même famille**. *Épreuve*, *compétition* et *course* sont des **synonymes.**

Je m'entraîne

1a **À quel champ lexical appartiennent ces différentes séries de mots ?**

1. couverture, chapitre, page, auteur, titre → ____________________
2. averse, orage, déluge, inondé, flaque → ____________________
3. lapin, fusil, chiens, cartouches, perdrix → ____________________
4. pinceau, fusain, gouache, aquarelle, chevalet → ____________________
5. pluie, soleil, nuage, température, vent → ____________________

1b **Quel est le champ lexical dominant dans le texte suivant ?**

Allongée sur la plage, bercée par le clapotis des vagues, je m'étais assoupie. Soudain, je fus réveillée par les cris des goélands qui plongeaient inlassablement dans l'eau. Ils avaient repéré un banc de poissons et le festin commençait.

→ ____________________

2a **Trouve des mots du champ lexical du mot *école* et écris-les ci-dessous.**

____

2b **Trouve des mots appartenant au champ lexical du mot *cheval* puis classe-les.**

1. Mots appartenant au même domaine : ____________________
2. Mots de la même famille : ____________________
3. Synonymes : ____________________

Très bien ☐ Assez bien ☐ Pas assez bien ☐

57 Le sens propre et le sens figuré

Je découvre et je retiens

1 Paolo a dévoré son sandwich.
Olga a dévoré son livre.

► Dans la première phrase, le verbe *dévorer* est utilisé dans son sens le plus courant : il est au **sens propre**. Dans la seconde phrase, il est utilisé dans un sens imagé : il est au **sens figuré**.

2 **Il a les yeux plus gros que le ventre.**

► Cette expression au sens figuré indique qu'il n'est pas capable de manger ce qu'il a demandé.
Il existe dans la langue française de très nombreuses expressions utilisées au **sens figuré** dont il faut connaître la **signification**.

Je m'entraîne

1a **Relie chaque expression au sens qui lui correspond.**

1. J'ai un chat dans la gorge. •
2. Le chat ronronne près du feu. •
3. Ce maçon a le compas dans l'œil. •
4. Il faut utiliser un compas pour tracer un cercle. •
5. Mathilde a mordu son grand frère. •
6. Mon cousin est un mordu d'informatique. •

• a. Sens propre

• b. Sens figuré

1b **Indique si les expressions sont au sens propre ou au sens figuré.**

1. Dans le verger, Manon ramasse des pommes. → ______
2. Manon est tombée dans les pommes. → ______
3. Il fait un froid de canard. → ______
4. Les canards aiment nager dans la mare. → ______

2 **Une monitrice de colonie de vacances a noté quelques appréciations sur les enfants dont elle s'est occupée. Indique ce qu'elles signifient.**

1. Julien est toujours tiré à quatre épingles. → ______
2. Mélissa a le cœur sur la main. → ______
3. Carla est bavarde comme une pie. → ______
4. Djibril a les mains vertes. → ______
5. Noam a peur de son ombre. → ______
6. Agathe a toujours la tête dans les nuages. → ______

Très bien ☐ Assez bien ☐ Pas assez bien ☐

58 La nominalisation des verbes

Je découvre et je retiens

1 L'école ouvre (*verbe ouvrir*) à 8 heures 20. Les cours débutent (*verbe débuter*) à 8 heures 30.

Ouverture (*nom*) de l'école à 8 heures 20, début (*nom*) des cours à 8 heures 30.

► On peut construire une phrase en **remplaçant le verbe conjugué par un nom de la même famille.**

2 Mes amis ont reçu (*verbe recevoir*) mon e-mail. Ils ont été surpris.

La réception (*nom*) de mon e-mail a surpris mes amis.

► La transformation du verbe en nom permet de transformer **deux phrases** en **une seule**.

Je m'entraîne

1a Forme un nom à partir des verbes.

1. Isoler : l' ____________________
2. Sauver : le ____________________
3. Fuir : la ____________________
4. Enlever : l' ____________________
5. Diriger : la ____________________
6. Mordre : la ____________________
7. Fixer : une ____________________
8. Prévoir : la ____________________

1b Remplace le verbe par un nom de la même famille.

1. La comédienne apprend son texte. → ____________________
2. Ma petite sœur est née. → ____________________
3. Le journal paraît aujourd'hui. → ____________________
4. Il change de train à la gare de Lyon. → ____________________

2 Remplace le verbe souligné par un nom de la même famille et forme une seule phrase.

1. Mon voisin <u>s'est marié</u>. Les invités étaient nombreux.

→ Au ____________________

2. Le prix des fruits <u>augmente</u>. Cela réduit la consommation.

→ L' ____________________

3. Le Tour de France <u>passe</u> près de chez nous. Il attire beaucoup de spectateurs.

→ ____________________

4. Il a <u>plu</u> cet après-midi. Le jardin est arrosé.

→ ____________________

Très bien ☐ Assez bien ☐ Pas assez bien ☐

59 La nominalisation des adjectifs

Je découvre et je retiens

1 Aminata est **aimable** (*adjectif*).

L'**amabilité** (*nom*) d'Aminata.

Lucas est **gentil** (*adjectif*).

La **gentillesse** (*nom*) de Lucas.

► On passe d'une phrase à un groupe nominal. On peut construire un groupe nominal en remplaçant l'adjectif par un nom de la même famille.

2 Cet artisan est **habile** (*adjectif*). Cela n'est plus à démontrer.

L'**habileté** (*nom*) de cet artisan n'est plus à démontrer.

► La transformation de l'adjectif en nom permet de transformer **deux phrases** en **une seule**.

Je m'entraîne

1a **Forme un nom à partir des adjectifs.**

1. Solide : la ____________________
2. Exacte : l'____________________
3. Grand : la ____________________
4. Possible : la ____________________
5. Fine : la ____________________
6. Différente : la ____________________
7. Important : l'____________________
8. Grave : la ____________________

1b **Remplace l'adjectif souligné par un nom de la même famille.**

1. Le parcours est difficile. → La ____________________ du parcours.
2. Le vent est violent. → ____________________
3. Cette plage est propre. → ____________________
4. La récolte est abondante. → ____________________
5. Mon petit frère est jaloux. → ____________________

2 **Remplace l'adjectif souligné par un nom de la même famille et forme une seule phrase.**

1. Cette voiture est puissante. Elle nous permet de nous déplacer rapidement.
→ La ____________________
2. Le vent est très violent. Les arbres se couchent.
→ La ____________________
3. Mon amie Maelle est franche. J'apprécie.
→ J'____________________
4. Sa tenue est simple. Cela ne l'empêche pas d'être élégante.
→ La ____________________

Très bien ☐ Assez bien ☐ Pas assez bien ☐

60 L'utilisation du dictionnaire

Je découvre et je retiens

1 En ouvrant au hasard son dictionnaire, Léonie relève les mots suivants : *pâle*, *parloir*, *pile*, *piste*, *pôle*, *poste*. Ils sont écrits dans l'ordre alphabétique.

► Lorsque la première lettre est la même, c'est l'**ordre alphabétique** de la deuxième lettre qui permet de classer les mots dans l'ordre. Si la deuxième lettre est la même, on se réfère à la troisième, et ainsi de suite.

2 Nous partons pique-niquer ; je range le repas dans la glacière.

► *Glacière*, n.f. : **1.** Lieu où l'on conserve de la glace. **2.** Lieu où se forme naturellement de la glace. **3.** Appareil à faire de la glace. **4.** Appareil utilisé pour la conservation des denrées par le froid. **5.** Fig. Lieu très froid.

► **Glacière** est un nom commun (n), féminin (f). Il a quatre sens différents. C'est la définition n° 4 qui correspond au sens de la phrase ci-dessus.

Je m'entraîne

1a **Classe les mots de chaque liste par ordre alphabétique. Numérote-les de 1 à 5.**

1. (__) frise – (__) fantaisie – (__) fidèle – (__) banane – (__) terre
2. (__) greffe – (__) garnir – (__) guéridon – (__) jardin – (__) bêche
3. (__) intime – (__) isolation – (__) identité – (__) ignoré – (__) informatique

1b **Entoure dans chaque liste le mot mal classé.**

1. Calme – cylindre – chapeau – corde – crayon
2. Drapeau – dribleur – dresser – droguerie – druide
3. Carburant – carnaval – cataracte – carpe – cartable

2a **Cherche dans le dictionnaire la définition qui correspond au sens du mot souligné.**

1. Le chef d'orchestre dirige avec sa baguette. → ____________________
2. Je peux manger avec des baguettes. → ____________________

2b **Écris une phrase correspondant à chaque définition du mot *place*.**

Place, n. f. : 1. Espace public découvert, entouré de constructions, dans une agglomération. 2. Rang obtenu par quelqu'un dans un classement, une compétition. 3. Emplacement pour garer une voiture.

1. ____________________
2. ____________________
3. ____________________

Très bien ☐ Assez bien ☐ Pas assez bien ☐

Illustrations : Cyrielle (couverture et pictos enfants) et Aurélie Abolivier (intérieur)

Conception graphique couverture : Marie-Astrid Bailly-Maître
Mise en pages : Nord Compo
Édition : Claire Tréboute, Sarah Forveille

www.magnard.fr

N° d'ISSN : 2265-1055

Achevé d'imprimer en mars 2016 en Italie
par «La Tipografica Varese Srl» Varese
N° éditeur : 2016-0106 – Dépôt légal : avril 2016